# ジムに通う前に読む本

## スポーツ科学からみたトレーニング

桜井静香　著

ブルーバックス

●カバー装幀／芦澤泰偉・児崎雅淑
●カバー写真／ DAJ／amanaimages／Gettyimages
●目次・章扉デザイン／中山康子
●図版製作／さくら工芸社

# はじめに

総合的な運動施設としてのスポーツジムが日本で本格的に広まったのは、1980年代のことです。その約20年前に、スイミングスクールやテニススクールなどの特定スポーツのための施設が広まりました。そして、1980年代に入り、アメリカからエアロビクスやジョギングブームが持ち込まれ、すべてをまとめた形のスポーツジムが全国展開していきました。

このように、スポーツジムの歴史はわずか30年ほどですが、いまや生活の一部にしっかり定着しています。さらには、マシンやプールだけではない、さまざまな付帯施設を備えたジムも増えていますし、介護予防専門のジムが立ち上げられたりするなど、年々変化を続けています。

筆者は、こういった総合的なスポーツジムやコンディショニングセンターなどの専門ジム、あるいは小さな町のジムなど、さまざまなスポーツジムでトレーナーを務めてきました。いっぽうで、運動科学研究者として、大学の研究室に籍をおいています。健康運動指導の現場と運動科学研究の現場を、17年近くいったりきたりしてきたわけですが、その経験から実感しているのは、運動科学理論に基づいた運動を続けると、漫然と運動するよりも、より大きな効果が得られるということです。

たとえば、26歳のあるスポーツ好きの女性は、ストレスが原因で体調を崩してしまいました。

自分を立て直すために、身体にやさしい筋力トレーニングを実践しながら、同時にスキルアップを図るトレーニングも丁寧に行いました。2年間の地道なトレーニングの結果、ここまで身体が変化するのか？　というくらい、彼女は見事に変身したのです。精神的なしこりもとれ、本物の基礎的筋力を復活させ、2年前とは全く比べ物にならないような体のキレが生まれました。

彼女の印象的な言葉が、いまも頭をよぎります。

「身体にとって本当に大事な運動は、派手なパフォーマンスでも、カッコよく見える運動でも、激しい運動でもないのですね。美しいな、と感じることもできる無駄のないシンプルな運動が、健康を取り戻してくれたのです」

また、本文でもご紹介している50代の男性の方は、私にずばりこうおっしゃいました。

「いくつになってもトレーニングに限界なし！」「若いもんには負けん！」

運動のプラス効果は、始めた時期からあらわれます。開始年齢は関係ありません。それを日々実践しているというわけです。さらに、この方の印象深い点は、常に「何のために、身体をどう動かすか、それが本当にベストトレーニングなのか、これ以外に何かスキルはないのか？」と自分なりの方法論を検討し、可能性を探ることをやめなかったところです。

この男性はこう付け加えます。

「ジム運動は忍耐では続かない。忍耐と努力を間違えている人が多いけれど、頭で考えて努力しないと、身体は変わらない。人間は面倒くさがりやだから、十分検討することを忘れてしまって、手っ取り早く、頑張る、耐える、ってことをしがち。けれど、ジムトレーニングで大事なのは、理屈。だから、わからないときはトレーナーにわかるまで聞く。これが本当に大切」

ジムトレーニングでは、他人と同じことをしても、同じ結果が出るとは限りません。人間は一人ひとりに個性があり、体力の差があり、人生のバックグラウンドも違います。ジムのトレーナーとしては、一人ひとりに丁寧に向き合い、理論と実践を行き来しながら、常にフィードバックしてプログラムを作成することが大事ですが、実践する側も、理論を頭に入れつつ運動することが必要なのです。この方は、そんな基本的なことを教えてくれました。

本書では、人間の身体が研究対象となっている「運動・スポーツ科学」を軸に、ジムに行く前に知っておいてほしい運動の効果や、安全な運動方法など、さまざまな研究報告からジム運動を紹介しています。ジムで実践可能な運動メカニズムは意外と奥が深いものです。運動を始める前に、それがご自身の身体に及ぼす影響について多方向から分析してみてはいかがでしょうか。

第6章では、運動プログラムの一例も種目ごとに列挙しています。ご自身の今の身体の状況に合うもの、興味のあるものなどだけでも構いませんので、目を通してくだされば、新しい視点でジム運動を眺めることができるかもしれません。

さらに、ジムとは一体どんなものなのか、ジムに行く前にジムを知ってもらおうという項目も設けました。ジムに行く前の豆知識として捉えていただければ幸いです。

運動科学理論に基づいた運動を実践すれば、半年未満の継続でも身体が劇的に変化することもあります。多くの理論を元にして整備された運動プログラムは、実践者の生活や身体に、プラス効果を与えることでしょう。

本書がみなさんのジム運動実践のきっかけとなり、筋力トレーニングやウォーキングなどの継続のお役に立てれば、筆者としてこれほどうれしいことはありません。実践の際は、ご自身の身体とよく相談しながら、楽しく、気持ちよく、を心がけてください。

最後になりましたが、編集の労をお取りくださった講談社ブルーバックス出版部の中谷淳史さん、この執筆に関してご助言をくださった「月刊トレーニング・ジャーナル」の浅野将志さん、そのほかご協力くださったすべての方々に感謝いたします。どうもありがとうございました。

そして、何より、これまで運動指導現場で接してくださった、多くのクライアントのみなさまに改めて厚く御礼申し上げます。クライアントさんの存在なくしてこの本を完成させることは到底できませんでしたから。

２０１０年７月　　桜井静香

# もくじ

## 第6章　ジム運動の実践　165

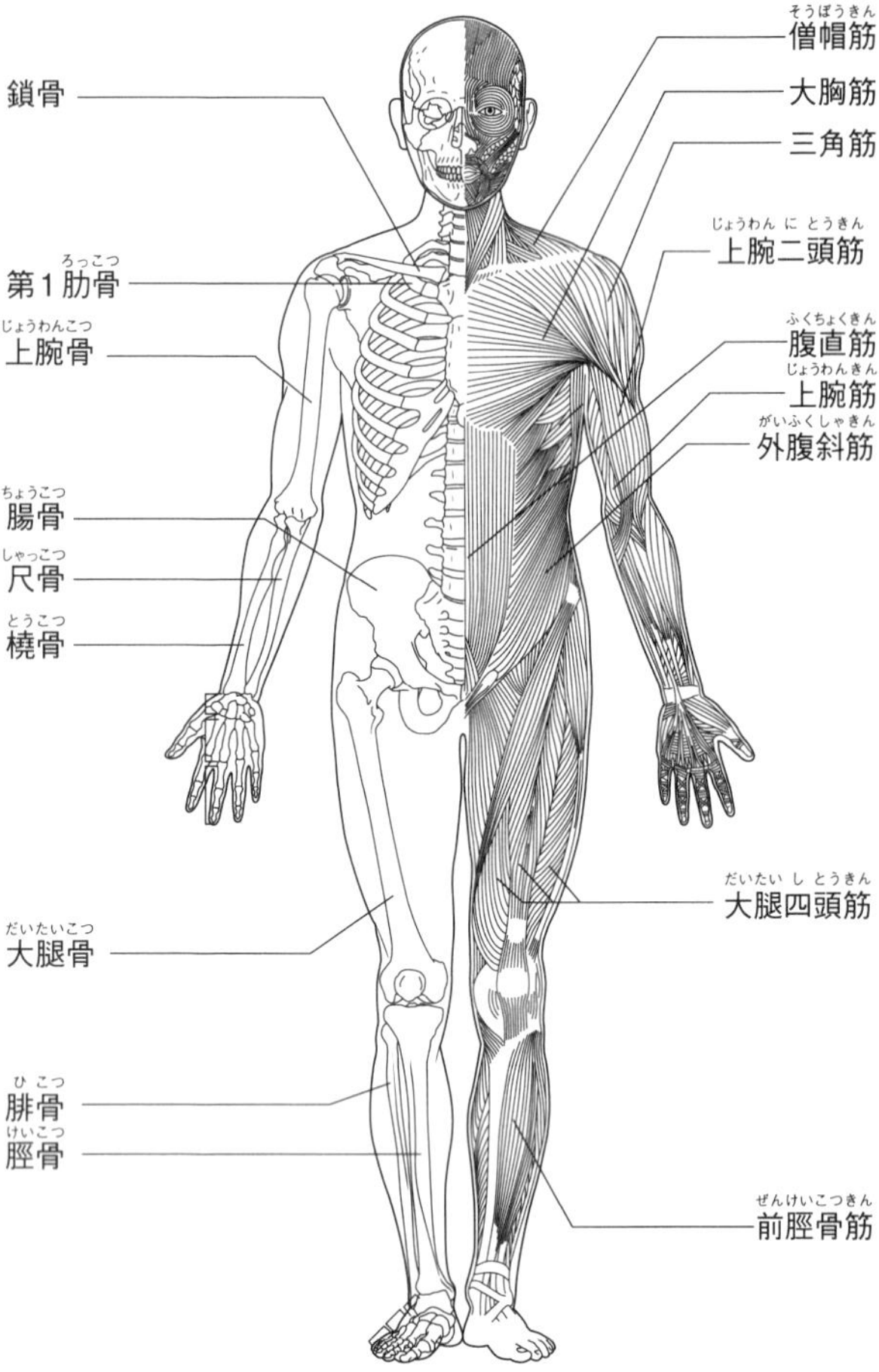

鎖骨
第1肋骨《ろっこつ》
上腕骨《じょうわんこつ》
腸骨《ちょうこつ》
尺骨《しゃっこつ》
橈骨《とうこつ》
大腿骨《だいたいこつ》
腓骨《ひこつ》
脛骨《けいこつ》
僧帽筋《そうぼうきん》
大胸筋
三角筋
上腕二頭筋《じょうわんにとうきん》
腹直筋《ふくちょくきん》
上腕筋《じょうわんきん》
外腹斜筋《がいふくしゃきん》
大腿四頭筋《だいたいしとうきん》
前脛骨筋《ぜんけいこつきん》


おもな筋肉と骨格（正面）

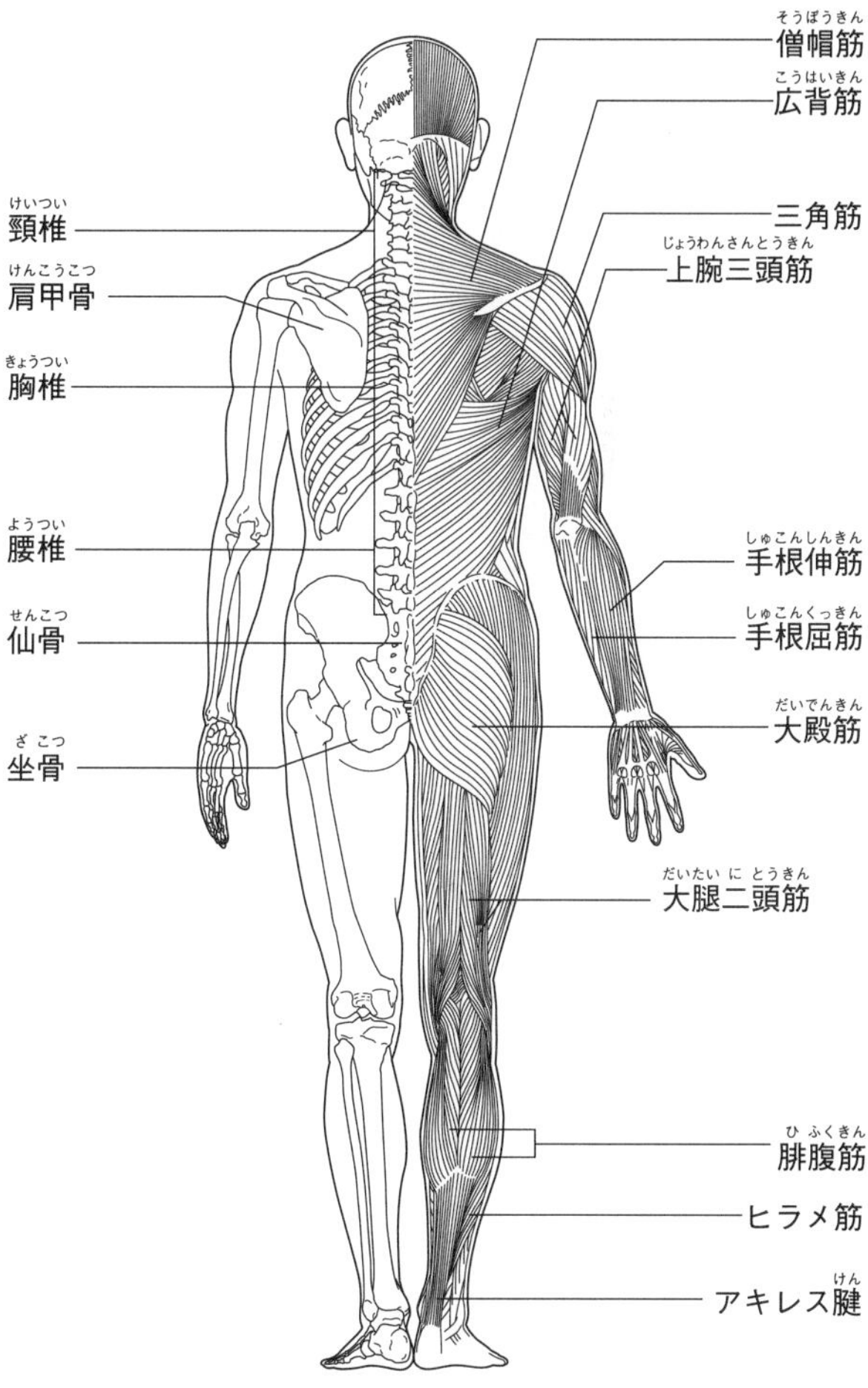
僧帽筋《そうぼうきん》
広背筋《こうはいきん》
三角筋
上腕三頭筋《じょうわんさんとうきん》
頸椎《けいつい》
肩甲骨《けんこうこつ》
胸椎《きょうつい》
腰椎《ようつい》
仙骨《せんこつ》
坐骨《ざこつ》
手根伸筋《しゅこんしんきん》
手根屈筋《しゅこんくっきん》
大殿筋《だいでんきん》
大腿二頭筋《だいたいにとうきん》
腓腹筋《ひふくきん》
ヒラメ筋
アキレス腱《けん》

おもな筋肉と骨格（背面）

# 第1章　運動科学からみた身体メカニズム

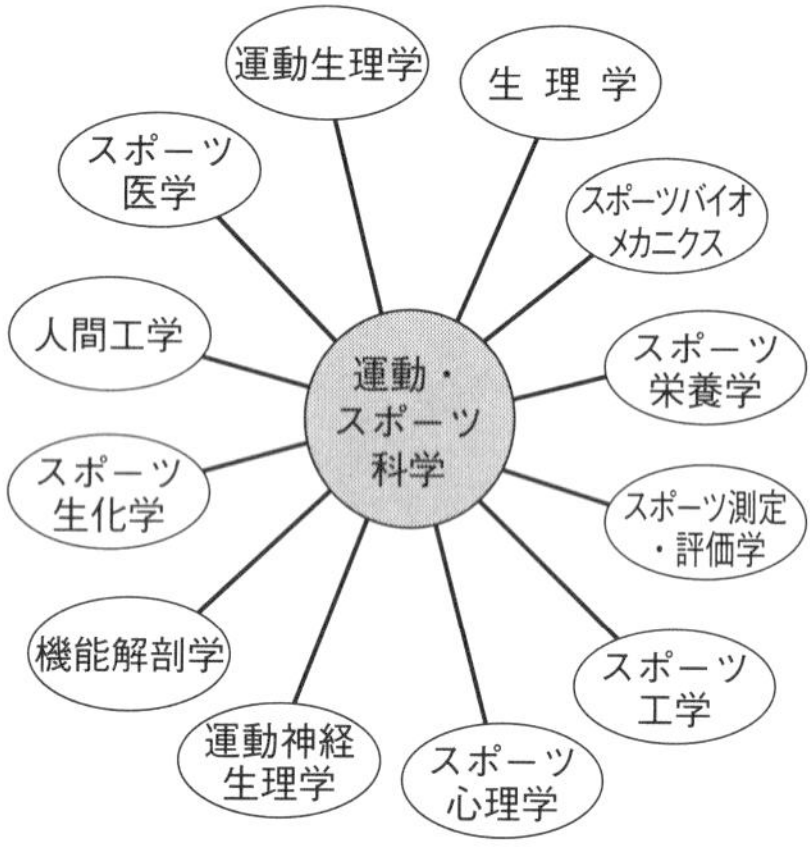


**図1-01　運動・スポーツ科学はさまざまな学問の集合体**

スポーツジムには、バリエーション豊富な運動メニューが取りそろえられています。この運動プログラムを作る裏付けになっているのが、「運動・スポーツ科学」です。これは、「ヒトのからだ」を研究対象とし、運動やスポーツを客観的視点から捉え、医学・生理学・物理学などのさまざまな学問法則から明らかにしていく研究分野です（図1－01）。歴史は浅いですが、この数十年間、測定機器などの革新的な飛躍に伴って進化しています。

本書では、運動・スポーツ科学に基づき、スポーツジムで実践可能な運動メカニズムと、身体に及ぼす影響について、多方向から分析します。

ただ、運動は、実践者自身の感じ方や取り組み方の個人差が大きいため、皆様の「感覚」も大事にしていただければ幸いです。

また、運動・スポーツ科学に関しては、丁寧な研究成果に基づいていていても、それを個人にあてはめた場合、必ずしも適か不適かと断言できないケースもあります。また、科学的な研究報告であっても、一つの説にすぎない、として捉えられている場合も少なくありません。理論は理論、そればかりに縛られずにうまく応用してみてください。

# 1-1　ジムに通う意味は？

## 年齢とともに低下する体力

もしあなたが念願かなって100円玉を100枚、すなわち1万円分を貯金箱に入れたとしましょう。ある日奥様（ご主人？）がその100円を1年に1枚ずつ、内緒で持ち出したと仮定します。このとき、何年たったらその変化＝100円玉が減っていることに気が付くでしょう？　1〜2年では1〜2枚減っただけですから、おそらく気付きません。ところが10年、20年が経ち、全体の1〜2割＝10〜20枚がなくなったとき、初めて箱の重さが変わったことを実感するのではないでしょうか。体力が年齢とともに低下することも、これと同じことがいえます。

加齢に伴い、身体機能は変化していきます。20代以降、年を経るごとに、体力と関連する指標

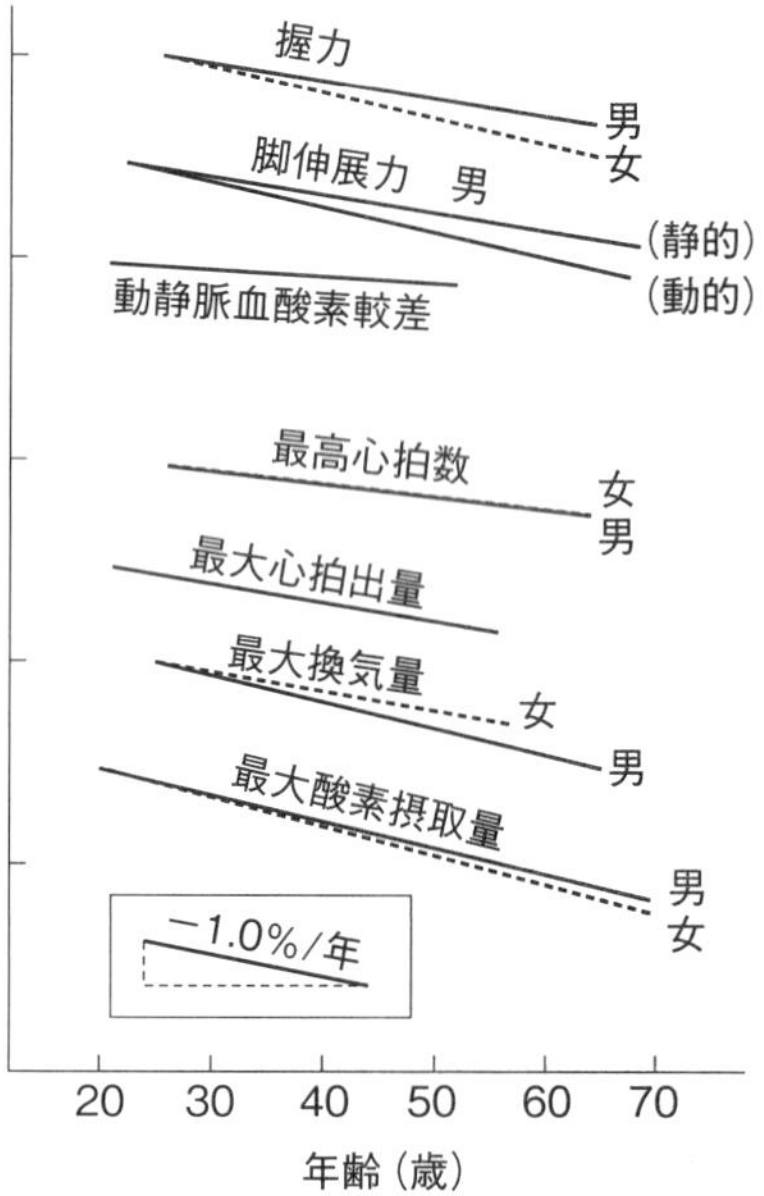


**図1-02　加齢に伴う身体機能の変化**（運動するから健康である，宮下充正，東京大学出版会，1995）

が少しずつ低下していきます。もし30代で1年に1％ずつ体力低下したとしても、そのわずかな変化は無自覚。10年、20年、あるいは30年近く経ち、「ようやく」危機感が生まれます。この間、日常生活は問題なく過ごせるので、時間だけが経過するケースが多いのです。個人差はありますが、体力低下を決定的に自覚するのは、55歳を超えたころ。身体への不安や病気の経験などが、実感するきっかけとなります。図1－02は、加齢に伴う身体機能の変化を調査した結果です。

この本を手に取られた方は、スポーツジムに関心のある方でしょうから、すでに体力低下について自覚しはじめているか、あるいは、体力は十分でさらに向上させたいと感じているのかもしれません。運動を続ければ体力の低下を食い止めることも、向上させることも可能ですので、ジムに通うことは大きな意味があります。

とはいえ、スポーツジムに定期的に通い続けることはそうそう簡単ではありません。インターネット調査会社（マイボイスコム株式会社２００９年６月実施）の男女約１万５０００人強を対象としたアンケート調査では、スポーツクラブの利用継続期間は利用経験者の約半数が１年未満で、スポーツクラブ通いをやめた人の約５割が「忙しくなり、時間がなくなった」をやめた理由の第１位に掲げています。また、「通うのが面倒くさくなった」という意見も第２位。気合を入れていざ通い始めても、継続できず、いつの間にか会費だけ徴収されている、という実態が見えてきます。ジム継続には、やはり工夫や努力が必要です。「言い訳」してまでも通うのをやめてしまうのは、先ほどのように体力低下を実感できないこともひとつですが、リスクを感じてから初めてあわてる人間の性《さが》（？）も関係あるのでしょう。

ここで、ある男性の10年間のジム通いの取り組みによる変化をご紹介しましょう。体力の衰えを感じ、57歳でジムに初入会されたこの男性は、週に１度のジム通いでした（時には月に２回）。自宅では就寝前に必ず５分間、筋力トレーニングかストレッチングを実践。68歳になった今でも継続していらっしゃいます。そしてこの取り組みの成果ですが、脚部の筋力レベルは30代（後半）レベル、そして体脂肪率はこの10年強で11・２％減少、体重も10・９kg減少と、とても60代後半とは思えない体つきに大変身。57歳のときよりもむしろ若々しく、体力向上を果たしました。マイペースだけれども地道な努力が実った結果、といえます。

この本は、絶対にジムへ通いましょう、ということで書いているわけではありません。「通わなくてもよし、通えばなおよし」というもの。いずれにせよ、定期的に運動を継続するにはどうしたらよいのか？　どういう運動が自分に必要か？　ジム運動にはどういった効果があるのか？　などを、ジムに通う前に、あるいはジムに通いながら、ぜひ一度ご自身で、またご家族で考えてみてほしい、というものです。

## 1－2　運動と心臓のメカニズム

ウォーキングやランニング、エアロバイク運動などは、ジムでも定番種目。この運動実践で大きな効果が期待できるのは、心肺機能の向上です。心臓は、身体全体に血液をめぐらせている重要器官。一方、肺も呼吸をつかさどる大切な場所。心肺機能が活発なのは、健康であることの重要ファクターです。

反対に、心臓の機能や血管の伸縮性・弾力性などが衰えると、心筋梗塞や脳血管疾患という病気が待っています。ここでは心肺機能と運動との関係をみてみます。

## 運動中血液は体内を駆け巡る

ジムでウォーキングやランニング運動をすると、心臓はどう変化するのでしょう？　まず、酸素運搬経路をたどりながら運動と心肺機能との関連をみてみます。

全身運動に必要なエネルギーを生み出すために、心臓はあらゆる組織で酸素を供給します。①呼吸によって肺に酸素が取り込まれ→②肺胞の毛細血管で拡散、酸素が血液中へ溶け込み→③酸素を含んだ血液が肺静脈を経て心臓へ→④心臓から全身へ血液が繰り出され→⑤各組織（筋肉や他の組織・器官）で酸素が順次取り込まれる。

このような流れで、運動中、心臓から繰り出された血液は、体中を素早く駆け巡ります。心臓へ戻り、また心臓から繰り出される、このメカニズムがスムーズに展開されることで運動も成立するのです。また、運動強度が高くなるにつれ、呼吸数も同時に増えるため、酸素摂取量も同様に増え、酸素運搬能力が高くなります。

ジムで全身運動をする際、心拍数（1分間に心臓が鼓動する拍動数）がひとつの指標として用いられます。これは手軽に運動強度を設定でき、自分の体力レベルに合わせて全身運動を展開することが可能となるからです。

軽い運動をした場合、最初は息が切れますが、そのうちに身体が慣れてくるものです。いっぽ

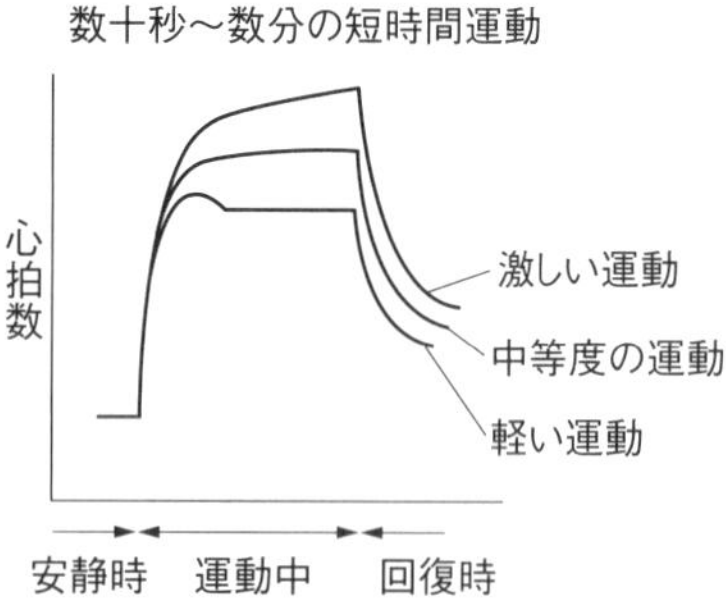


**図1-03　運動時の心拍数応答図（新版　これでなっとく使えるスポーツサイエンス，征矢英昭他，講談社，2007）**

う、全力疾走のような激しい運動は長く続けることができません。これは、軽い運動の場合は、運動開始直後に心拍数の急上昇が見られますが、その後はやや低下し、ほぼ定常を保つのに対し、激しい運動では、開始直後に心拍数が急上昇し、その後も上昇傾向を維持するためです。その結果、やがて運動継続が不可能になるのです。このように運動で心拍数が変化することを心拍数応答といいます。図1－03は、運動時の心拍数応答について調べた結果を模式的に示したものです。

ただし、どんなに心拍数が上昇しても220を超えることはありません。身体がたとえ応答可能でも脳のほうが危険と判断してブロックをかけます。

## 継続的な運動実践は血圧を低下させる

適度な全身運動は、血圧を正常範囲に落ち着かせる機能があります。中高年には高血圧の方が少なくありませんが、そういう方にジム運動で実践可能な運動処方を施すと、血圧を低下させる

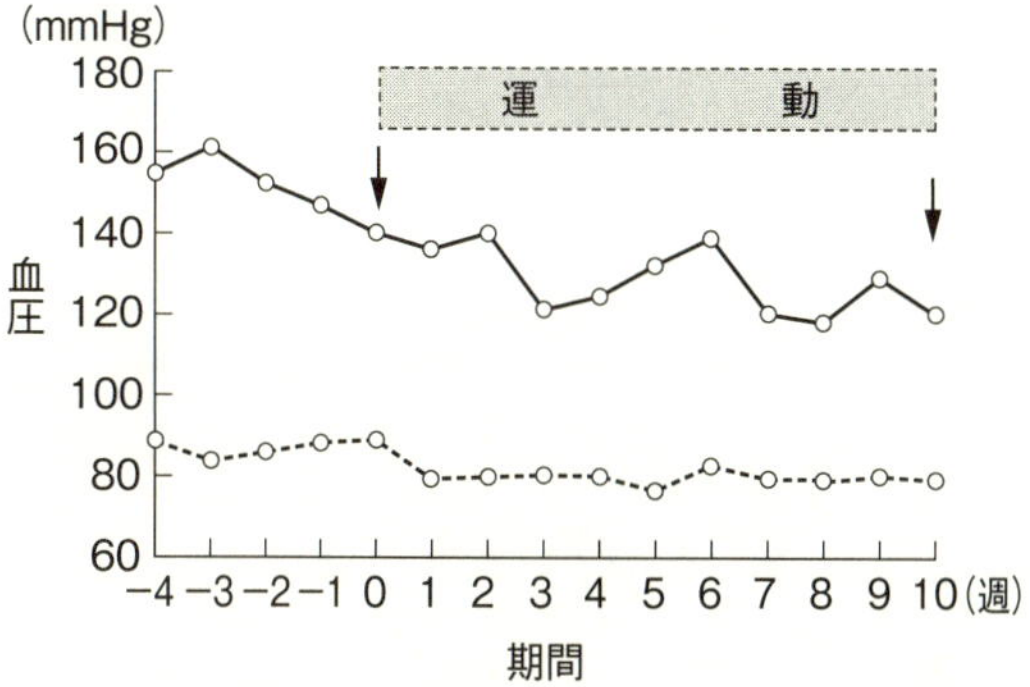


**図1-04　58歳男性の運動処方と血圧の推移**（呼吸と循環，松崎ら，1989）

ことができます。

ここで、「運動処方」とは、薬物投与や手術ではなく、身体運動を科学的に利用する治療法を指します。さまざまな機能障害に応じ、整形外科的領域から内科領域まで、多角的に実践されます。

実際に高血圧の方に運動処方を施した調査結果もあります。図１－04はその例で、この男性は運動習慣を身につけてから、最高血圧が１６０以上から１２０程度まで大きく低下したことがわかります。運動内容は、ウォーキングや自転車こぎのような、難易度の低い全身の有酸素的運動を12～15分と、３～5種目の筋力トレーニング（大筋群中心）でした。こうした運動で血流が促進され、血管の弾性力が取り戻され、血圧が低下した、というわけです。また、血流促進により、体内の余分な脂肪分解もスムーズに行われたため、血管内が良好な状態へと変化しました。

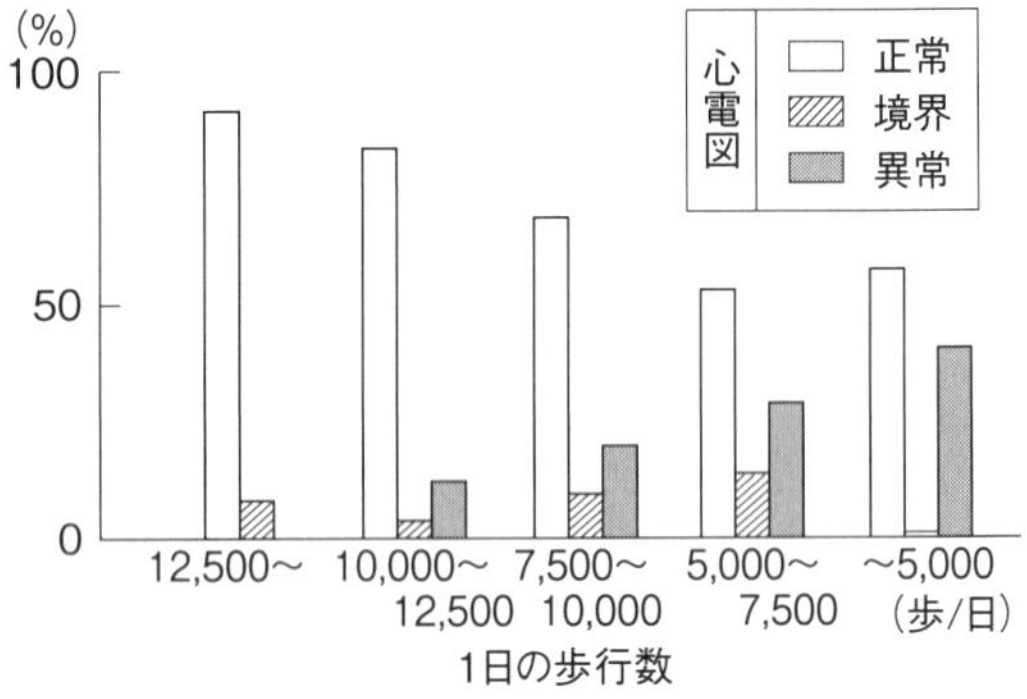


**図1-05　一日の歩行数とマスターテストにおける心電図所見との関係（厚生労働省第5次循環器疾患基礎調査データより一部改変，2000）**

適度な全身運動は、血圧を正常範囲に落ち着かせる機能があります。ジムで全身運動を行えば血管を若返らせることができるのです。

## 1年以上の継続と、中程度以上の運動強度を

心電図の所見と一日の歩行数との関係を示した実験もあります（図1－05）。これを見ると一日の歩行数が多い群ほど、心電図では正常を示す人が多く、1万2500歩以上では異常を示す人が一人もいません。この「異常」が示すものは、虚血性心疾患の疑いがあるというもの。これは心臓に血液を送る冠状動脈の狭窄化・閉塞化・硬化現象を指すもので、血流の悪化から生じる心臓の病気です。リスクファクターは表1－01に提示してあります。

ただ、この報告は継続的に1年以上歩いた人の結果です。よって心電図異常、虚血性心疾患の疑いを改善

するには、少なくとも半年以上の運動実践が必要なのです。まずは3ヵ月〜半年前後を目標に、ジムに通うなどして、ご自身の体力観察をしてください。ちなみに1万2500歩とは、身長170㎝の人で、およそ9㎞。5000歩とは3・5㎞程度です（個人差あり）。

また、単純に歩くだけではなく、ある程度の強度をもって運動実践することが心臓強化につながる、という報告もあります。死亡した人と生存していた人を年齢層ごとに比較した研究ですが、METという運動療法での運動強度を示す数値と死亡率が相関していた、というものです。METは、安静座位での最大酸素摂取量3・5㎖／㎏／minを1METと定め、運動強度が安静座位時の何倍か、で表示されます。たとえば、4㎞／hでの歩行は3・0METs、9・6㎞／hでのサイクリングは3・5METs、8㎞／hでのランニングは7・5METs、ゴルフは4・0METsです。

| | |
|---|---|
| 1位 | 高血圧 |
| 2位 | 高脂血症 |
| 3位 | 運動不足 |
| 4位 | 喫煙 |
| 5位 | ストレス |
| 6位 | 肥満 |
| 7位 | 高齢 |

**表1-01　虚血性心疾患のリスクファクター**

この研究結果では、METが1上がると生存率が12％上昇した、という計算値が提示されていました。ある程度の運動負荷をかけ、全身運動に取り組むことが、心臓や血管を若く維持するための秘訣だ、と示唆しています。この報告では、週に2日程度、若干高めの運動強度を取り入れることが大事だとか。ジムトレーニングメニューを定期的に見直し、飽きないよう着実にレベルアップを図ることも大切ですね。

## 1-3 筋肉を鍛えるとどのような効果があるのか?

ジム内でもメインメニューのひとつである筋力トレーニング。筋肉は、ジム運動などで飛躍的に発達するため、スポーツやリハビリ、さらには介護現場などで、広く利用されています。また筋力トレーニングは、関節を介して骨を動かすことにもなるので、関節強化や骨密度の向上にも大きく貢献します。

ここでは、筋肉を鍛えるとどのような効果があるのか、などをみてみます。

### 筋肉成長のプロセス

マシントレーニングなどをジムではじめると、筋肉はどのように成長するのでしょう?

運動を発動するすべての根源は筋肉にありますから（筋肉が身体の重量に占める割合は40%)、成長のプロセスを知ることは大切です。これについては、筋肉は急激に肥大するというよりは、「神経系の適応」とともに大きくなります。

神経と筋肉はつながっているため、筋肉は脳からの指令を受けて動作が開始されます。つまり脳指令から神経系の動員が始まり、それに伴う筋線維の動員率が上昇して、さまざまな動作が可能になります。トレーニングを休まずに続けている人ほど、多くの筋肉を運動へ利用することができ、徐々に力強さがアップします。これを「神経系の適応」といいます。いわば、「筋肉を目覚めさせている期間」で、数週間ほどかかります。「神経適応期間」とも呼ばれています。

トレーニングをさらに継続していくと、「目覚めさせている期間」を通り越し、1ヵ月程度で筋断面積が大きくなるという「筋肥大期間」に入ります。さらなる筋力アップやボディコントロールを実践するには、そこからまた2〜3ヵ月ほどが必要です。「あらゆる筋肉が動員される仕組みが形成され→力強くなり→筋肉が締まるところは締まり、大きくなるところは肥大し→あらゆる体型変化のコントロールが可能」という段階を追って、筋肉は「成長」をみせます。

## 筋肉を鍛えるとどのような効果があるのか？

次にジムでの筋力トレーニング実践で得られる効果についてみていきましょう。

①体脂肪を減らし、基礎代謝アップへ貢献
②悪玉コレステロール（ＬＤＬ）の減少に貢献
③糖尿病予防に貢献

④一部のがん（大腸がんなど）に対抗できるプラスの影響をもたらす可能性

⑤若返り＋理想の身体づくりへの貢献

まず①について。筋肉がエネルギーを利用して熱を発生させるという役割を最大限に生かすと、この効果が表れます。筋肉は身体の中でエネルギー消費が最大ですから、ここを鍛えることで、基礎代謝量を上昇させ、熱発生率を高め、脂肪燃焼を促し、シェイプアップをすみやかに行うという仕組みです。

次に②ですが、２種類のコレステロール（ＨＤＬ：善玉コレステロール／ＬＤＬ：悪玉コレステロール）のうち、ＬＤＬは動脈硬化などを引き起こす可能性があるマイナス要素。しかし、３ヵ月ほどの筋力トレーニングと20分間のウォーキングを組み合わせた実験で、血液循環が良好になり、ＨＤＬ上昇・ＬＤＬ減少、という研究報告がありました。

③の糖尿病との関連について。糖尿病は、すい臓で生成されるインシュリンというホルモンの作用不足による、高血糖状態＝慢性の代謝異常のことです。これに対し、食事制限と、基礎代謝を引き上げる筋力トレーニングの実践で、改善効果が期待できるとの見解があります。筋肉のインシュリン感受性を高めるために、比較的大きな筋肉である大腿部・胸・おしり・腹周りを中心としたトレーニング実践が推薦されています。

④に関しては、まだ見解がわかれるところですが、大腸がんについては筋力トレーニングが有

効だ、という説があります。大腸がんは食習慣と強く関連しています。消化物が腸に滞留するとがんになりやすいという見方もありますが、腸の蠕動《ぜんどう》運動を筋力トレーニングで活発化させると、消化物の滞留時間を短縮させることができます。ある程度の予防には貢献する可能性がある、との見解です。

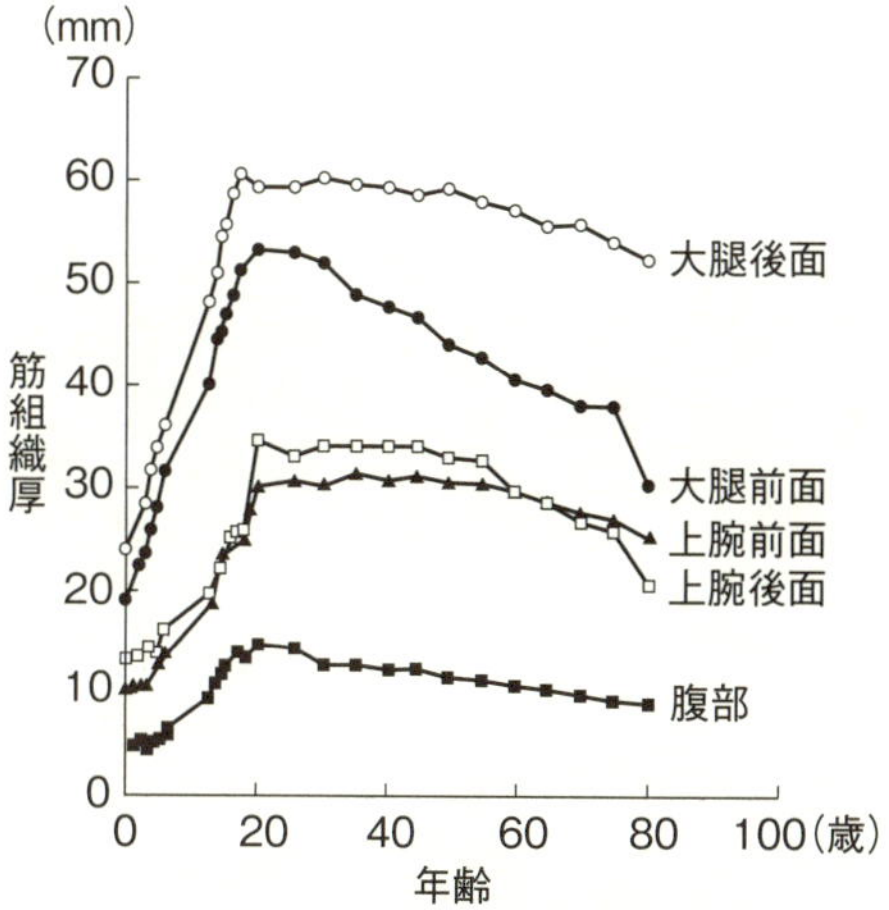


図1-06　加齢に伴う人の筋の筋厚の変化（Abe, et al., Journal of Phisiology, 1995）

最後に⑤ですが、加齢に伴う筋肉の減少を食い止めること、そして若返りを図りながらもボディメイキングをすることが可能だ、というものです。

加齢とともに身体全体で筋力の低下は起こりますが、一様ではありません。個人差はありますが、太ももや二の腕の筋肉は落ちやすい、と感じている方も多いのではないでしょうか。それを裏付ける研究成果もあります。いくつかの筋の筋厚《きんこう》について超音波装置を用い、さまざまな年齢の被験者を調べたものです（図1-06）。これをみると大腿前面（大腿四頭筋）、上腕後面（上腕三頭筋）などでは、加齢に伴い著しく筋厚が減少しています。しかし大腿後面（大腿二頭筋）や上腕前面（上腕二頭筋）などでは大きな低下は見られません。いずれも、30歳くらいをピークとして、徐々に筋肉の萎縮がはじまることがわかります。

ところが、トレーニング方法が格段に進歩した現在、中高年や高齢になっても、筋力トレーニング実践で、筋力アップや筋肥大が起こることが、研究で確かめられています。たとえば、55歳女性に3ヵ月間、大腿部位の筋力トレーニングをしてもらい、その前後で大腿中央部のMRI画像の撮影比較をした研究があります。図1－07はその写真ですが、トレーニング後に筋肉（黒い部分）が増えているのがわかります。これは、筋力トレーニングによって筋肥大が起こり、筋断面積が増加したことを示しています（筋断面積が膝の伸筋で約13%、屈筋で約11%増大、筋力は約14%増加）。よって筋力増加のほとんどは、この筋力トレーニングによる筋肥大に起因する、と考えられます。このように、中高年に達したとしても、ジムでの筋力トレー

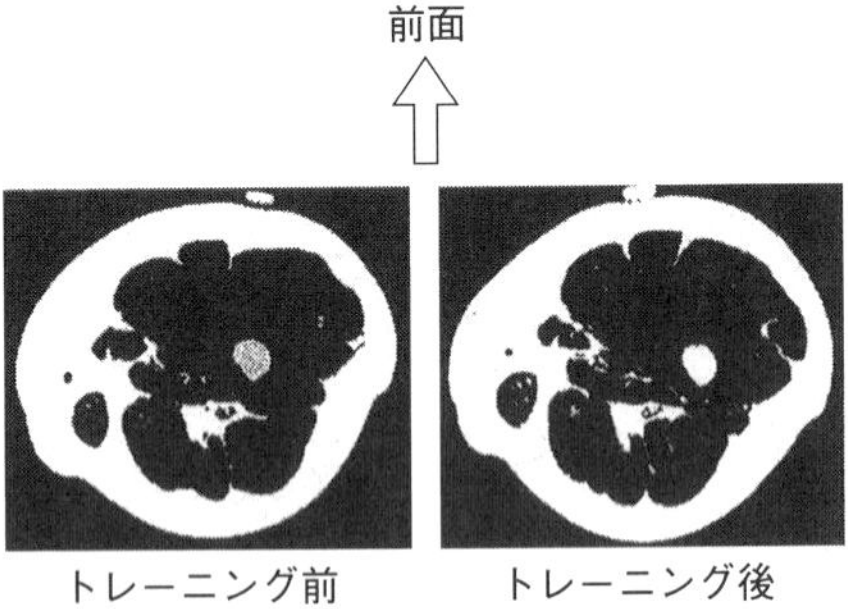


**図1-07　筋力トレーニング効果（大腿部）**
(Fiatarone MA, et al., Journal of Applied Physiology, 1994)

ニングによる筋肥大は、可能なのです。

## 1－4　ジムで痩せることはできるか？

ジムにいってもなかなか痩せない、こうした声を10年以上にもわたってお聞きしてきました。なぜ、歳とともにおなか周りがだぶつくのでしょう？　これらの疑問は、脂肪が燃えるメカニズムの大枠を押さえておくと解決できます。どんなジム運動で脂肪は燃えるのか、など、ここでは運動と脂肪のメカニズムをみてみます。

### 運動で脂肪は「必ず」燃える

ここである男性のジム運動でのお話をひとつ。昔ラグビー選手であり30代半ばまで運動量が多かった、という56歳の男性。それまでは過去の蓄積？という自己判断に頼り、運動を意識することなく過ごしたためか、体脂肪率がみるみる上がり、31％にまで上昇してしまいました。健康診断で「ハイリスク宣告」をされ、ようやく目が覚めたとか。しかし、現役時代と全く同じ運動時間を確保することなど、現在は到底無理な話。ということで、「少しのジム＋隙間運動」を心が

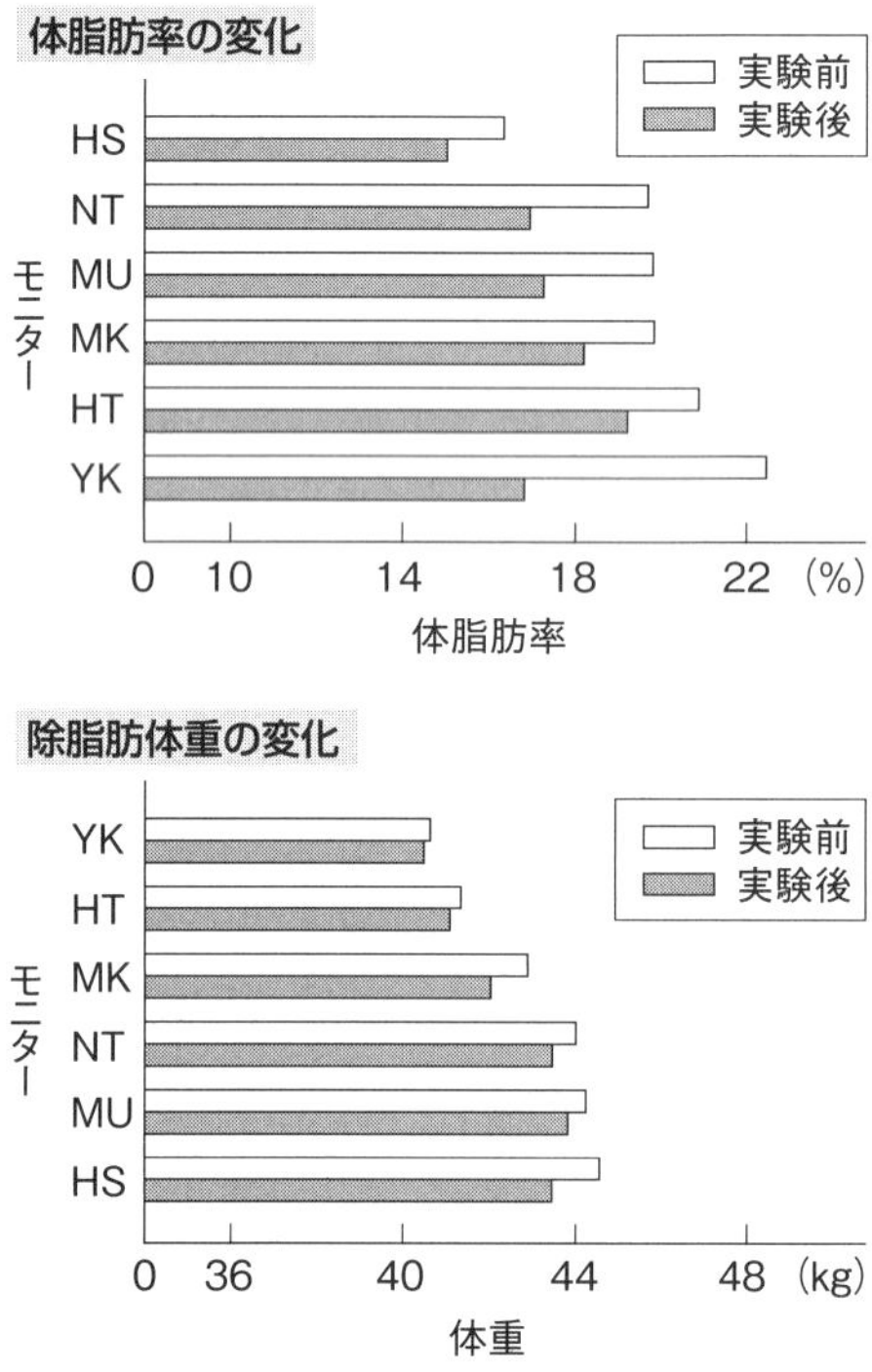


**図1-08　女子大学生ランナーの体脂肪率及び除脂肪体重の変化**（体育の科学，石田ら，1987）

けるよう、50代に入ってから意識を変えたのです。

ここから彼の生活が一変しました。バス停を1つ手前で降りて歩き、車をほぼ使わずに自転車や歩きで移動。会社の昼休み休憩35分をランニングや筋力トレーニングタイムに変え、寝る前の3分間はスクワット・腕立て伏せ、などの「隙間運動」を日々実践。そしてジム運動は、週に3回、最低でも週に1回、必ずマシントレーニングを8種目、フリーウェイトを3種目こなし、最低10～15分間はランニング。こうした努力で体脂肪率は18%にまで低下したのです。継続は力なり、とはこのことですね。

運動で脂肪が燃えることを裏付ける研究成果もあります。ある大学陸上部・女性長距離走者6名が、10週間、食事の管理と筋力トレーニング、ジョギングを実施し、体脂肪率と除脂肪体重（骨や筋肉や水分の総量＝体重から脂肪をのぞいた値）が運動前後でどう変化したかを観察したのです。結果が図1－08で、ご覧のとおり、どのランナーでも体脂肪率が下がりました。

運動実践で脂肪は必ず燃えます。そして、どんなに過去の運動履歴が高いレベルであった方でも、現在の生活リズムを見つめながらの運動実践が、大切なのです。

ただし、体脂肪率の適正値はある程度おさえておく必要があります。成人男性では4％を、成人女性では12％を切ると生命の危険があります。また、「肥満」と判定される値は男性で25％、女性では30％です。適正値は成人男性30歳未満で14～20％、30歳以上で17～23％、成人女性30歳未満では17～24％、30歳以上では20～27％です。

## 運動の順序にポイントが

では単純に筋力トレーニングをすれば、あるいは、走れば体脂肪が燃焼されるのか？　という質問も多いのですが、答えは単純にイエスとは言い難いです。大切なのは、「運動の順序」です。

筋力トレーニング（無酸素的な運動）と有酸素的な運動を組み合わせて行う場合、筋力トレーニングを先に行うと、まず成長ホルモンの分泌が急激に上昇し、体脂肪がこのホルモンの影響で分解されます。分解された脂肪は、遊離脂肪酸とグリセロールに変化。これらが血液中に「燃えやすい状態」で送られたところで有酸素的な運動実践に入ると、体脂肪がより効率的に燃えます。

また有酸素的な運動を継続すると、リパーゼという酵素が活性化されます。これは、筋肉内の中性脂肪を脂肪酸に分解し、血液中に送りこむ働きを担います。よっていっそう、脂肪燃焼効率が上昇します。

逆に、有酸素的な運動を先に行うと、成長ホルモンの分泌が活発になりません。そのため、せっかく有酸素運動を行っても、脂肪が燃えやすくなるまで時間がかかります。結果として、筋力トレーニングを先に行ったときより、脂肪の燃焼量が少なくなってしまうのです。

この「筋力トレーニング↓有酸素的な運動」の順序をお忘れなく。

## 1-5　運動と脳のメカニズム

脳トレという言葉があちこちで聞かれるようになりました。効果のほどはわかりませんが、繰り返し作業が、記憶力向上や頭の回転を速くすることに貢献するのでしょう。

実は、運動で脳を活性化させることも可能です。実際、「歩いているとなんだか頭がすっきりしたな」という感覚を味わったこと、ありませんか？　一体どのような運動が頭の回転をよくするのでしょう？

ここでは運動と脳のメカニズムをみていきます。

## 脳なくして運動は成立しない

ジム運動に勤しんでいる方の多く、さらにスポーツ選手にいたるまで、「どの筋肉を鍛えればいいのか？」にこだわりがちな運動現場。これは長年ジムでトレーナーを務めていた経験から、よく実感できます。単純にその筋肉の力・出力を高めればいいと考える傾向も強くあります。

このような考え方が生まれるのは、複合的なスポーツ動作や運動動作を、個別要素に分解し、それぞれの要素を鍛えれば複合動作に戻った際、その動きが力強くなっているのでは？　と捉えているからです。しかしここには若干の落とし穴があります。

筋肉が力を出すには、脳から脊髄、運動ニューロンを媒介にして筋肉へ、という「伝達プロセス」が必要です（図1‐09）。自転車こぎやウォーキングのような単純な運動であっても、この経路がなければ動けません。神経と筋肉の間には、何か特別な障害がない限り、必ずつながっているので、脳なくして運動は成立しないのです。
これを「神経—筋協調性」と呼びます。

そして、必ずしもすべての神経細胞が一つ一つの筋肉に対応しているわけではなく、複数の筋肉に対応している神経細胞もあるので、ある運動パターンを生じさせる際には、さまざまな筋肉が反応します。たとえば、単純に脚の筋力トレーニングをしていれば走るのが速くなるのか？　というと、そう簡単な話ではありません。意外とこのような質問、十数年前の昔も今も、変わらずいただくのです。

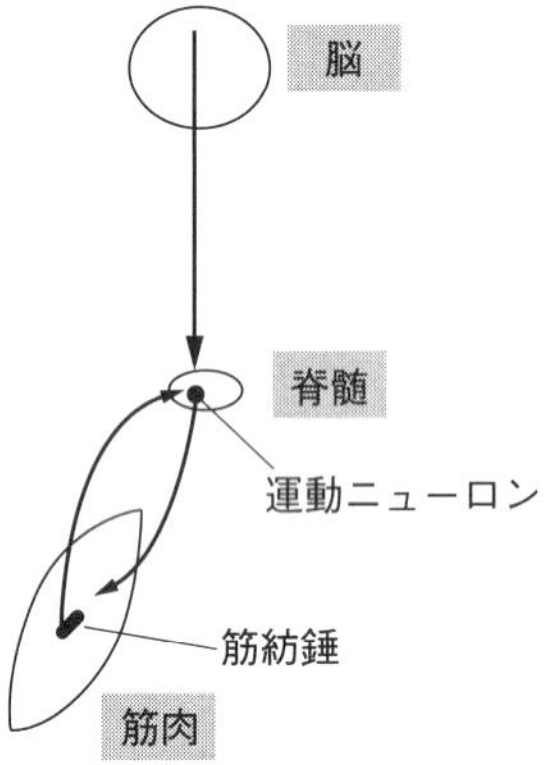


**図1-09　筋肉は脳からの指令を受けて収縮する（伸張反射は例外）**

動作を脳の中で何度もイメージングする、脚の運びを客観的に観察する、頭で考えながら走りのフォームを捉える、さらにそれが無意識レベルになるまで神経—筋協調性の回路を高める——。ある運動やスポーツスキルを向上させようという場合には、このように「集団的」に「複合的」に「脳が機能される」状況が必要です。個々の筋を鍛えることも大切ですが、体力アップと同時にスポーツスキル向上を狙うのならば、神経—筋協調性の側面も、忘れてはいけないのです。

## 運動で記憶力もアップ？

２００２年に興味深い報告がありました。成人男女７人が週に２～３回のジョギングを行い、ジョギングをしなかった人と比べたところ、ジョギングをしたグループはジョギングをしなかったグループよりも一時的な記憶（ワーキングメモリー：前頭部の一部である前頭前野が関与：図１－10）の働きが上昇したのです（日本福祉大学、久保田競らの研究より、読売新聞掲載）。

どちらのグループも同様の問題を行ったのですが、当初は両組とも正答率およそ65％でした。ところがジョギングをしたグループでは12週間後の正答率が95％にまで上昇。ジョギングをしなかったグループの正答率は70％にとどまりました。ここでジョギング実践が脳の活性化に貢献した、という強い可能性が考えられたのです。対象人数は少ないですが、正答率の大幅な上昇を考えると興味深いですね。

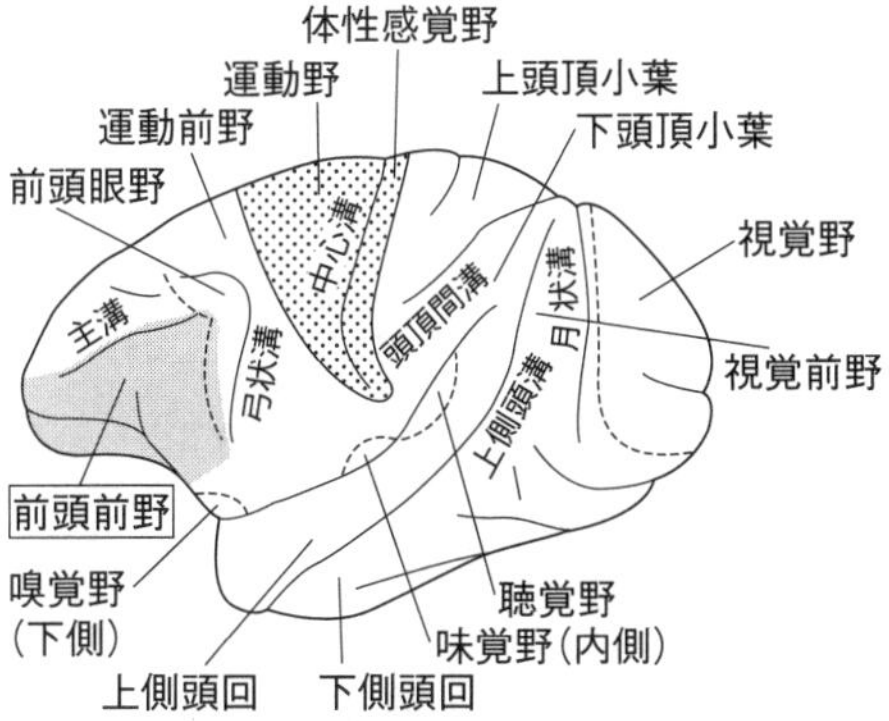


図1-10　運動に関わる脳

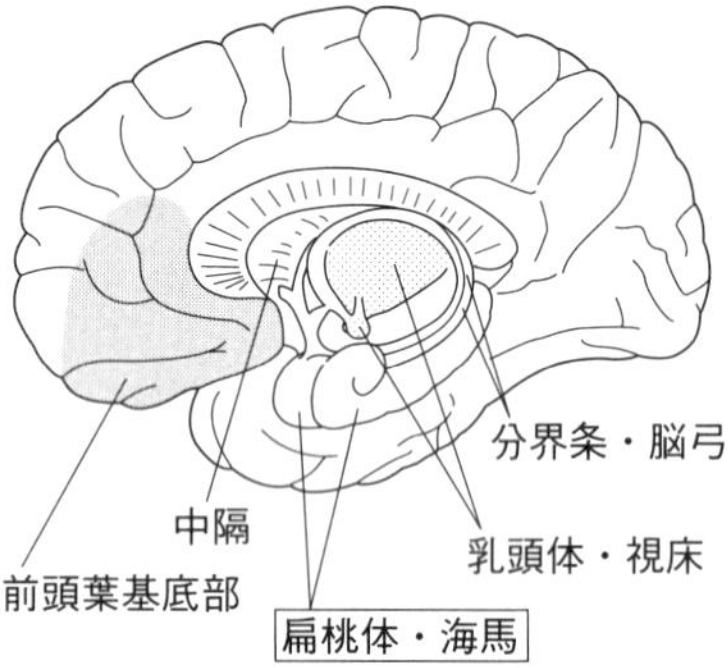


**図1-11　記憶に関わる海馬**

この「記憶力」が向上するメカニズムの背景には、記憶をつかさどる海馬（図１－11）や運動による視神経細胞（目で見て空間認知力が向上される背景）の新生が関連しています。新生とは新たに作られることで、通常、哺乳類の神経細胞は増えることはありません。しかし海馬と側脳室と呼ばれる部位には、神経幹細胞が存在しており、視神経細胞の新生を行うことが報告されています。運動刺激によって、走る運動を行ったマウスの神経細胞の新生は、していないマウスの約１・５倍にもなります。

さらに、運動は、海馬の神経結合（シナプス：神経細胞が情報を伝達するための中継役）の伝達効率を高める可能性があるようです。情報をより強く速く伝達することが可能になると、記憶力がより向上するというメカニズム。運動で記憶力が向上し、かつ年齢を重ねてもそれが可能になるのであれば、素晴らしいことですね。

実際、ある62歳の男性の方からこんなコメントをいただいたことがあります。

「最近妻よりも記憶力が良くなった気がする。あれほど忘れっぽかったはずなのに。運動で頭がすっきりしたのか？　それが関係しているかはわからないが、買い物では、私がメモ代わりに使われている始末」

筋力トレーニングとエアロビクスを始めて、約５ヵ月たってからのコメントです。

## １－６　骨は鍛えられる？

ジムで筋肉を鍛える、というイメージは抱きやすいですが、「骨を鍛える」という言葉はやや捉えにくいですね。自身の骨を直接見る機会などありませんから。

しかし、骨は運動と密接な関係があります。カルシウムを多く貯蔵している骨は、「日々」生きているのです。

ここでは骨と運動との関係をみてみます。

### 運動実践で骨は丈夫に

骨の中のミネラル含有量を「骨塩量（ＢＭＣ）」と呼び骨塩量を骨の体積で割ったものを「骨密度（ＢＭＤ）」といいます。この数値が高いほど、骨の硬度は高い＝骨は丈夫、という目安に

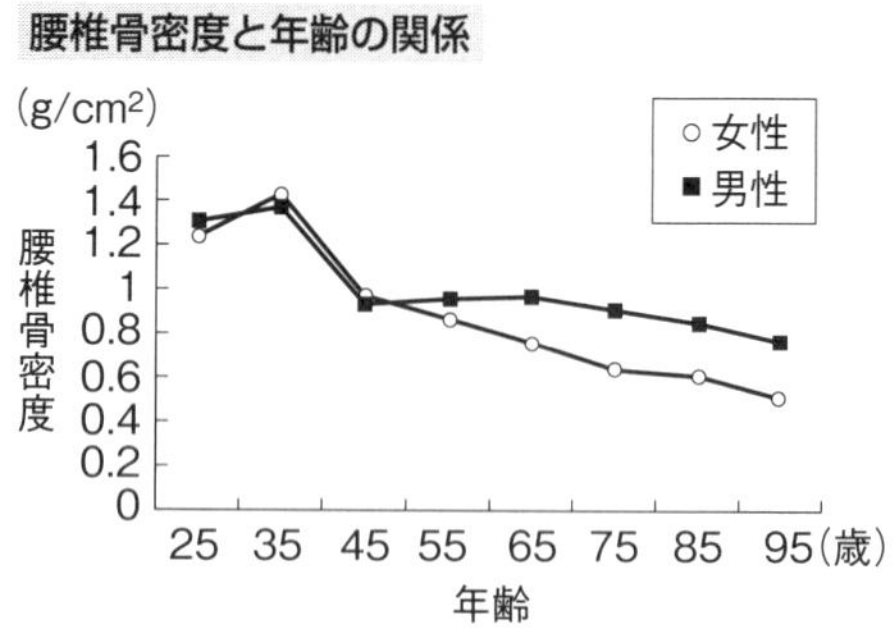


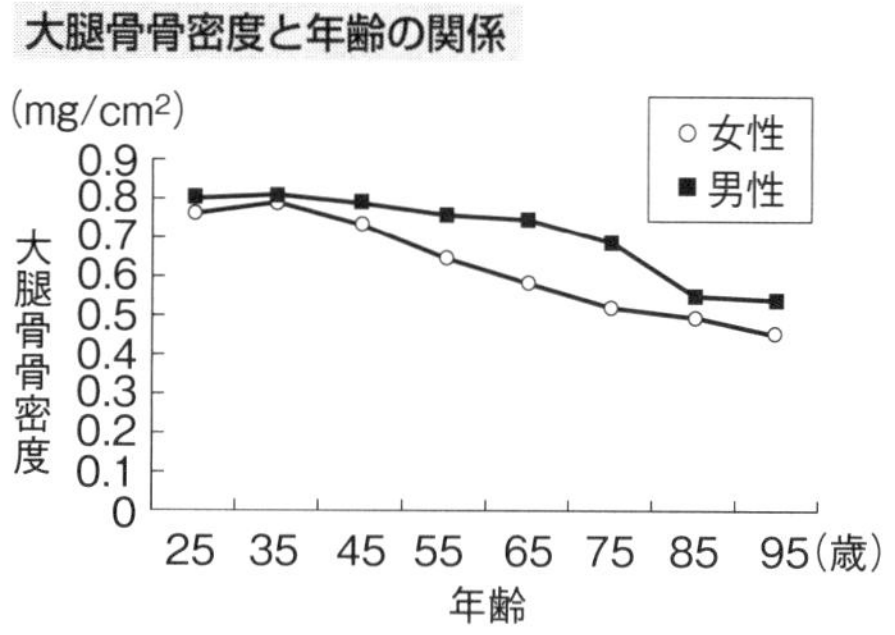


**図1-12　加齢と腰椎骨密度（上図）、大腿骨骨密度（下図）の変化（体育の科学，福永ら，1994を一部改変）**

なります。

骨密度は、年齢が上がるにつれて低下していきます。個人差はありますが、40歳前後から低下が激しくなるといわれています。加齢と腰椎・大腿骨骨密度の関連を調べた研究では、特に女性が45歳を超えると骨密度が急激に低下する傾向がみてとれました（図1－12）。これは女性ホルモンの減少が関係します。女性ホルモンの中のエストロゲンには、骨の分解をすすめる破骨細胞の働きを抑制する作用があります。またビタミンD（体内にカルシウムを吸収させる働きをもつ）を活性化させる役割も担います。このエストロゲンが加齢とともに減少するため、女性は骨密度減少を食い止めるのが大変な

| 運動の有無 | 症例数 | 年齢(歳) | 閉経後(年) | 全身カルシウム量(g) | |
|---|---|---|---|---|---|
| | | | | 閉経前 | 1年後 |
| 運動をした群 | 9 | 53 | 5.5 | 781 | 801 |
| 運動をしない群 | 9 | 52.3 | 5.5 | 824 | 804 |

**表1-02　閉経後の女性の運動の有無による1年後の全身カルシウム量**（Aroia, et al., Journal of the North American Menopause Society, 1997）

のです。

運動刺激は、これを食い止める方法のひとつ。実際に、ジムで週5日、ほぼ毎日欠かさずに筋力トレーニング5種目前後と12分間のウォーキング、時に水中でのエアロビクスを行っていた58歳の女性がいました。骨がすかすかです、との検診にショックを受け、通い始めたのがきっかけでした。1ヵ月半おきにプログラムを見直し、トレーニング経過を見守りました。その結果、骨塩量が3年間の積み重ねで40％近く上昇したのです。

筋トレと全身運動実践は、骨の強化にも貢献することを実証したわけですが、これを裏付ける研究成果もあります。閉経後5年を経過した女性群18名を、運動するグループとしないグループに分けて1年後に全身のカルシウム量を測定したのです。運動の種類は、1日25分程度の筋力トレーニングと、30分前後のウォーキングでした。表1－02はその結果で、運動をしていたグループは平均で20gものカルシウムを増加させたのに対し、運動をしないグループは20gほど減少傾向に。たとえ女性ホルモンの分泌が減少したとしても、適度な運動刺激で、骨密度を維持す

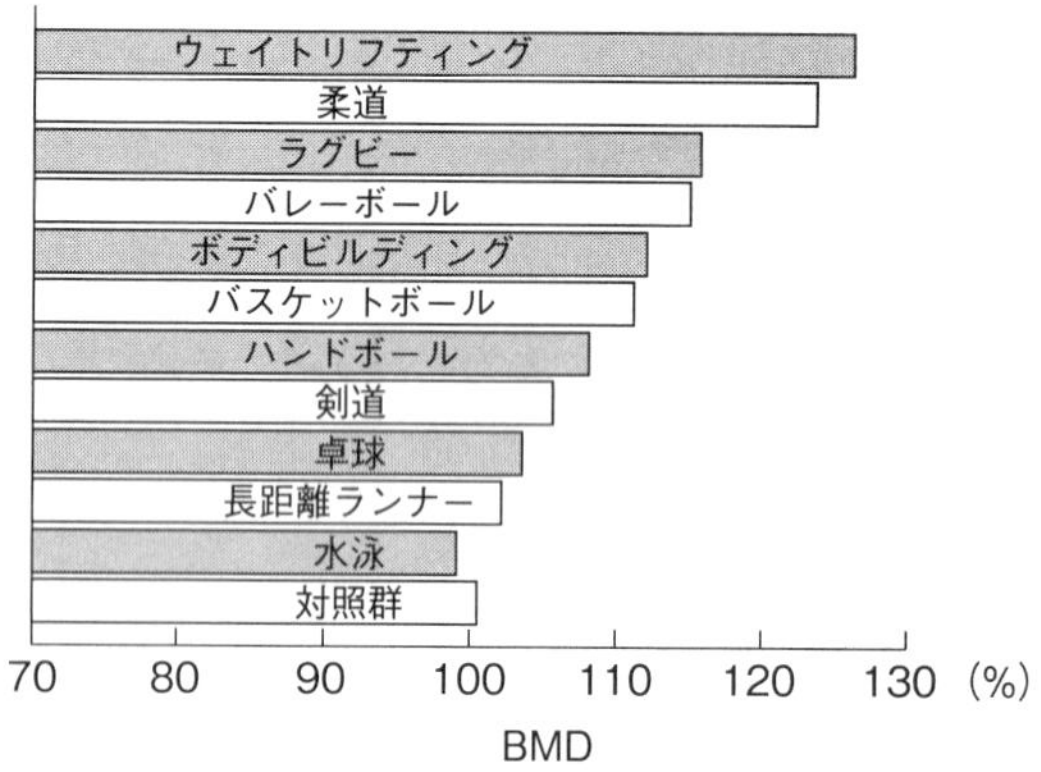


**図1-13　男性スポーツ選手の骨密度（みんなのレジスタンストレーニング，石井直方，山海堂，2000）**

ることが可能なことを示しています。

## 骨を鍛える運動とは

では、どのような運動が骨を丈夫にするのでしょうか。

これについては、スポーツ選手の骨密度を調べた研究結果が参考になります。図1－13がその結果を示したグラフで、ウェイトリフティングや柔道、ラグビーなど、比較的大きな力を出すようなスポーツ競技種目ほど、骨密度値が高い傾向にあります。反対に水泳は、心臓・肺などの呼吸循環器系の能力を高めるには、とても効果のある運動ですが、水中運動、ということで、骨に対して十分な刺激がいかないため、骨密度は低い値になります。

ウェイトトレーニングが骨密度を増加させるのは、大きな力を発揮することで、重力に対する強いメカニ

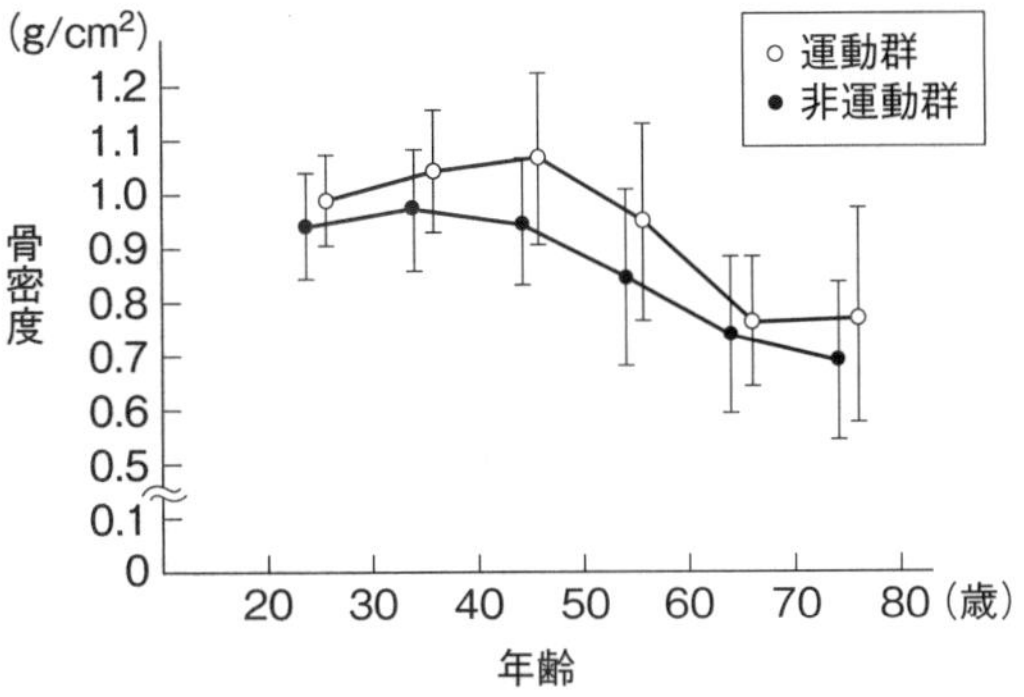


**図1-14　10代のときの運動経験の有無と骨密度について（女性）（体育の科学，百武ら，1994）**

カルストレスが、骨に対しプラスの影響を与えているということが大きな理由です。実際、ボディビルダーの方の骨密度は値が大きく、高齢で継続している方ほど、その差は大きいものです。

ただ、実際に運動する場合は、一般人の運動強度はスポーツ選手とは値が異なりますので、トレーニング強度や頻度をインストラクターに確認してから実践しましょう。

## 若かりし時代が後々に効果を生む？

最後に、10代の運動実績・蓄積が、実は後々の骨密度に大きな影響を与える、というデータを紹介します。10代が大事、と今さらいわれても……ですが、そういう方はぜひ次世代の若者へ伝えてください。

10代のときの運動経験の有無と骨密度の関係について調べたデータがあります（図1－14）。運動をした群は、運動をしなかった群に比べて骨密度が高い傾向があり、その差は高年齢になっても縮まらないことがわかります。つまり、成長期の骨密度増加による「貯金」が、後になっても維持されるのです。

若い方、特に女性は、ぜひ運動を実践してください。残念ながら、もう若くない、とお考えのお父さんお母さん方は、ぜひお子様には運動をさせてあげてください。ご自身のジムトレーニングを紹介し、一緒に取り組んでみるのもいいかもしれません。

## 1-7 ジムに通う前にジムを知ろう!

ここまで、運動が身体に及ぼす影響について説明してきました。結論は、いうまでもなく「日々の適度な運動実践は、プラスの効果を生み出す」ということです。

運動をするための手段のひとつが、ジム通い。第1章の締めくくりとして、ジムに通う前に、それがどんなものなのかを説明しましょう。日本のジムに関する概略と、通っている方の現実のお話をします。

## 280万人の会員数!?

まず、現在日本には、約22万ヵ所のスポーツ施設（学校・公共・民間など）があり、その内訳は学校体育施設が13万6000、公共施設5万3000、民間施設が1万7000ヵ所となっています（文部科学省調査　平成20年度「体育・スポーツ施設現況調査報告書」より）。その中でも、主力は民間施設で、年間8000時間以上、日数240日以上の時間を開放、多くの世代に利用してもらうはたらきかけをしているようです。

そのスポーツ施設の推定会員数は、280万人前後（経済産業省　平成21年度「特定サービス産業動態統計調査」より）。ただしこれは会費やスクール料金を「定期的に」支払っている会員だけの数で、1年に1度でも利用をしたことがある人は、年間の延べ人数で2億人を超えているのだとか。会員数だけを見てみると、国民の40人に1人が定期会員、そして国民1人あたり年間に2回近くもスポーツ施設に足を運んでいる、というとても興味深い？数値を表しています。

ところが。現実、周りを見渡してみると、それほど多くの人がジム通いをしているのだろうか？　と思われるでしょう。それもそのはず、このデータには、1年以内に会員をやめたり途中で通うことを断念した人数などは記載されていません。

ここでもう少し現実的数値をご紹介。前述のインターネット調査会社のデータによると（マイボイスコム株式会社より）、男女約1万５０００人を対象としたアンケート結果では、スポーツクラブの利用期間の第1位が1年以上2年未満でした（21％）。続いて3年以上（18・7％）、半年以上1年未満（18・３％）、３ヵ月以上半年未満（14・４％）と続いています。さらに、週2日以上通っている人は会員として利用している人のうちの約22％。一念発起して会員になったのはいいのですが、すぐにやめた……という人が、実は多いのです。

ただ、これらの結果は、働き盛りの30代40代の男女の声が多く反映されており、仕事が忙しくなると継続できなくなるという事情も垣間みえます。地域によっては、50代以降、60代70代の方々が多く通っているジムもあります。地方のとあるジムでは、通っている会員の8割は高齢者の方々。どの方も、継続年数が最低でも３～４年以上と長く、中には20年近くにわたる方もいるのです。

反対に、都心部のあるジムでは、20代後半から40代前半が中心なので、会員は入れ替わり立ち替わりです。定着率は低いものの、常に新たな会員が入会するという実情があります。地域や場所の特性が、色濃く反映されていますね。

## ジムの設備

地域や施設によっても差はあるかと思いますが、公共・民間ともにジムとして運営されている施設設備は、大きく分けて以下のようなものがあります。

①ウォーミングアップ、クーリングダウンエリア

準備運動、整理運動の場として利用されるスペース。準備運動のビデオが流れているジムも。

②筋力トレーニングエリア

マシンジム、フリーウェイトトレーニングエリア、など。

③スタジオ

専門的な運動スペース。エアロビクス、ヨガ、ストレッチング、加圧トレーニング、ピラティス、ダンス、ステップエクササイズなど、さまざまなレッスンが展開される。

④プールエリア

多くは25ｍプールで、コースも4～5つほど。プールを専門にしている設備では、50ｍプールを設置しているところも。

⑤テニスコート、スカッシュコート、体育館、アリーナ、スキー設備など

大規模な公共施設などでは、これらが併設されていることが多い。民間の施設ではテニススクールやスカッシュ講習など、専門スポーツを売りにしているところも。

⑥そのほかの付帯施設

シャワールーム、ジャグジー、お風呂、サウナ、ロッカールーム、など。施設によって設備・

メンテナンスなどに差異がある。マッサージルーム（専門のマッサージ師や整体師が専門的ケアを担当）やリラクゼーションエリア（チェアマッサージエリア、エステなどを受けられるエリア、休憩スペース、飲食ができるエリアなど）も、ここ数年増加傾向に。都心部では託児施設、郊外では巨大駐車場が完備されていたりするところも。

## ジムのスタッフ

ハードが充実していても、ソフトはどうか？　を吟味することも大切です。ここで大きく関わるのがジムスタッフ。実際のところ、専門家として経験豊富なインストラクター、スポーツトレーナーを多く抱えている施設は、あまりありません。なんらかのスポーツ指導関連の資格取得をしている人は、各施設で数名程度のことが多いのです。ちなみに、スポーツ指導関連資格の種類は82種、全国に11万9０００人の資格取得者が何かしらの施設で従事していますが（文部科学省平成18年度調べ）、あとはアルバイトの方なども多いのです。あえて擁護しますと、そうでなければ年間８０００時間、２４０日の勤務体制には備えられません。

しかし、各ジムでは研修制度を設けており、資格がなくても経験豊富なスタッフがいれば対応はよいものです。たとえば、初心者であれば安心してジム運動できるよう丁寧に指導をしたり、声かけなどをしてくれます。この点は、ジムを選ぶ条件のひとつとして、とても大事なところでもあります。スタッフの態度がいまいち、適切な指導がない、など、余計なストレスを感じたくないものです。

## ジム通いのメリット、デメリット

運動は、ジムでさまざまな人や施設の刺激を受けながら行ってもいいですし、ジムに通わず、日常生活で運動を取り込む形でも構いません。ジムに通う前に、今の自分にどんな運動と生活リズムがフィットしているのかを少し考えてみましょう。

ここでジム通いのメリットとデメリットをみてみます。

①メリット

・施設・設備が豊富。飽きたら違う運動を、という選択肢がいつでもある。
・安全実践可能。怪我の処置も対処が速い。
・季節を問わずにプールなどの利用が可能なので、「ぶれない」トレーニング継続ができる。
・さまざまな付帯設備の利用が可能。シャワー、お風呂、ジャグジーなど、運動以外でも身体がリフレッシュできる。
・インストラクターに相談しながら、計画的に運動を実践できる。
・スタジオプログラムやパーソナルトレーニングなど、専門性の高い運動実践が可能。

・仲間の存在で運動継続の張り合いや刺激が生まれる。継続のポイントにも。

②デメリット

・民間では高額なケースも。定期的に通えないとお金をどぶに捨てることに。
・まとまった時間が必要。荷物が多くなり、仕事との両立が難しいケースも。
・飽きた、面倒くさい、などの感情が表れたとき、特に運動が必要な状況でなくなれば、通うモチベーションが低下する。結果として運動しない状況に陥りやすい。
・他人の存在や、インストラクターの必要以上のアドバイスで、マイペースで運動できないことも。
・行きたい時間にはいつも混んでいて、見学したときと快適さが異なるケースも。
・人間関係にいざこざなどが生じると、通いづらい。
・スタッフの入れ替わりが激しくなると、安定した運動を維持しにくい。

**ジム見学・継続のポイント**

通うとなったら可能な限り、継続をしていきたいものです。ここでは、長年スポーツジムでトレーナーとして関わってきた立場から、運動継続に成功されている方々のご意見や実践例などを元に、「ジム見学・継続のポイント」をいくつかあげていきたいと思います。

①見学のポイント

・家、職場などから近い、○○のついで、に行ける場所か？

週に3日以上、家族も一緒に、などの場合は、家から近いほど長続きする傾向にあります。特別な事情がない限り、車で5～6分の距離、電車などでも10～20分圏内のところでないと、継続は厳しいです。ジムと自宅が離れている場合、帰宅時に、冬は湯ざめしやすい、夏には汗を再びかくなどのデメリットも考えられます。

・プログラムの内容と自分の目的が合っているか？

見学の際、可能であれば特定のプログラム体験をぜひ。実際に汗をかき、ロッカーやお風呂まで広く体験をすることで、施設の取り組みがよく見えます。できれば2～3ヵ所、施設同士を比較検討してください。

・設備の具合は？

清潔感は施設の気配りが反映されている証拠。可能であれば隅々までじっくりとチェックをしてください。第一印象で「汚い」「なんとなく不安」を感じたら入会はやめたほうが無難です。チェーン店であっても、店舗によっては違いが大きいこともあるのです。

また、リラクゼーションできるスペース、お風呂やロッカー、ジャグジーなど、広さは十分か？　シャワーや脱衣所の使いやすさはどうか？　混雑する時間帯に着がえやすいか？　出入り口は清潔か？　スタジオ内の清掃具合は？　プールを含めた水回り施設に特有の嫌なにおいはないか？　傘立てに鍵がついているか？（これは意外とポイント。盗まれた！　などのクレームが多い時期があり、ストレス要因にもなる可能性が。ジムによっては設置していないことも）などなど。さまざまな点をチェックすることで、マイナス要因を減らします。

・会員の年齢層や雰囲気は？

ジムは人同士の接触が必ずあるものです。お互いに気持ちよく使っている状況が伝わってくると、入会しても安心してジムに足を運べるでしょう。

どのくらいの人数が自分の通いたい時間帯にいるか？　どの年齢層が多いのか？　男性女性の割合は？　常連さんの占領地域など特有の雰囲気があるか？　活気ある場所として機能しているか？　狭い通路のすれ違いざまに会釈や挨拶があるか？　割り込みしてレッスンに入るときも一声かけあう雰囲気はあるか？　など、観察しましょう。

・クレーム処理、スタッフの対応など

スタッフは丁寧で、礼儀正しく、親切、といった教育が行き届いているか？　心地よい対応か？　などもチェックをしましょう。ジムによっては「お客様からの要望」なるものの回答が、掲示板に貼ってあるところもあります。見学しつつ、こういったところにも目を通しておくと参考になります。

②継続のポイント

・無理をしない

実はここができないゆえ、怪我をしてやめた、トレーニングが合わない、などの結果につながる方が多いのです。通えないときは通わなくてもいいのです。

・定期的なプログラムの見直しを

飽きのこないよう、運動プログラムの見直しを定期的にしましょう。

・数値に少しでも関心をもつ

体重・血圧・体脂肪・筋力測定値・タイム・トレーニング記録・健康に関する指標など、改善や進歩の様子を確認すると、継続の気持ちが徐々に高まるでしょう。

・知人をつくり、共感できる仲間を

コミュニケーションは継続の大きな要因に。これが苦手な方は、スタッフ相手でもよいですから、ちょっとした会話をぜひ。逆にスタッフも、会員さんから教わることが多いのです。

・実行力と決意の高い人の話を参考に

仲間をつくることに類似しますが、長年継続されている方のお話を聞くことも、継続の力になります。

・目的をはっきりととらえる

あやふやなまま運動に踏み切ると継続は困難です。そのつど目的を達成したら、それを少しずつ変化させていくことも大切です。

# 第2章　基礎的トレーニングの理論と効果

この章では、第1章でご紹介した運動科学の話から、さらに基本的なジム運動（ウォーキングや筋力トレーニングなど）の話へとシフトし、トレーニング理論とその効果をみていきます。各トレーニングの具体的方法に関しては、第6章に「ジム運動の実践」としてまとめましたので、そちらをご覧ください。

## 2-1 ウォーミングアップ、クーリングダウンの理論と効果

### ストレッチング運動の生理学的効果

運動の前後にはウォーミングアップやクーリングダウンが必要です。そこで実践されるのは、主にストレッチング運動です。これは1970年代に、アメリカのボブ・アンダーソンという運動科学者によって提唱された、「筋肉や腱などの結合組織を伸ばす運動」のことです。筋肉が付着している関節を曲げられるところまで曲げ、また関節を伸ばすことができる範囲まで伸ばすというシンプルな運動です。あえて静かに行う、また逆に弾みをつけて伸ばすという運動をして、筋肉の柔軟性を高めます。

では、ウォーミングアップやクーリングダウンにストレッチング運動を用いることで、どのような影響や効果があるのでしょう？

①関節可動域の増大

柔軟性アップ。運動実践に入りやすく、パフォーマンス向上の期待も大いにあり。

②筋の緊張を緩和

こり固まっていた筋肉に血流が促進されるため、余計な緊張もほぐれることから、スムーズに運動を開始できる。また神経性の興奮が抑えられ、筋肉の老廃物を除去できることから、疲労回復にもつながる。

③怪我の予防

筋温を上昇させることで、筋肉の収縮メカニズムがスムーズに引き起こされる。そのため、筋肉が急激に引き伸ばされることなく、怪我の可能性も低くなる。また、運動終了後に疲労物質を速やかに除去することで、次回のスムーズな運動実践へとつながる。

このほかにも、健康運動としての効果（健康維持・増進・体力増強）もありますし、難易度の高いものを実践すれば、筋力アップやシェイプアップの可能性（長期継続実践）も期待できます。筋肉を伸ばす・縮めるという単純な行為にみえますが、得られる効果は想像以上のものです。

## 静的・動的ストレッチング運動

ストレッチング運動は、大まかに分けると2つあります。

①静的ストレッチング

呼吸を伴いながら、じわじわとゆっくり筋肉を伸ばすストレッチング。弾みをあまりつけずに実施。副交感神経を優位にする作用があるため、ジム運動ではクーリングダウンなどでよく用いられる。ウォーミングアップの場合でも、動的ストレッチングと組みあわせて行うことで、筋肉の柔軟性や可動域の向上に貢献。

②動的ストレッチング

動きを伴いながら実践する。効率よく筋肉へ刺激を与えることが可能。ある動きの中で柔軟性を高め、ジム運動のパフォーマンスを高める効果がある。相反性神経支配（＝ストレッチングされる筋肉は素早く伸ばされ、反対側の筋肉は脱力状態。これが素早く行われることが運動時に重要）を最大限に利用し、「伸ばされる筋肉をいかにうまく脱力するか」に主眼をおいているので、ウォーミングアップに有効。

どちらのストレッチング運動も、筋肉や腱に刺激を与えているので、継続することで筋肉は鍛えられます。

## ジムでのストレッチング実践時のポイント

筋肉の構造や特性を理解しながら実践すると、ジムでの単純なストレッチング運動が、大きな成果を生み出します。

①呼吸を伴いながら、反動をつけすぎず、伸ばす部分に意識をおく

ストレッチング運動では呼吸を忘れずに。呼吸を止めて無理矢理伸ばすと、筋肉に余計な緊張が走ります。伸ばす部分に気持ちを集中させて身体と「体話」しながら行いましょう。

②身体の幹（＝体幹・胴体）をほぐすイメージをもって（図2－01）

体幹（胴体）が動かないと、手や足だけの動きになりがちです。胴体をしなやかに動かせることが大事です。みぞおちあたりを意識して背中を伸ばすと、体幹の柔軟性も向上します。

③基部を固定して本来の伸びを獲得する（図2－02）

筋肉を丁寧に伸ばすために、その筋の両端を大きく遠ざけましょう。方法としては、筋肉がつく一端の「基部」を固定した上で、もう一方を遠ざけて伸ばすと本来筋肉がもっている伸びに近づけます。初心者では身体がいわゆる「逃げた」状態になりがちなので気を付けます。

④テコの原理の利用

力を加えるとき、テコが長いほど大きな力が発揮できるというのがテコの原理。これをストレ

よい例。みぞおちあたりを中心に丸まっている。骨盤は固定する

悪い例。股関節ごと倒していると体幹は曲がらないので伸びない

**図2-01　体幹を意識したストレッチングを**

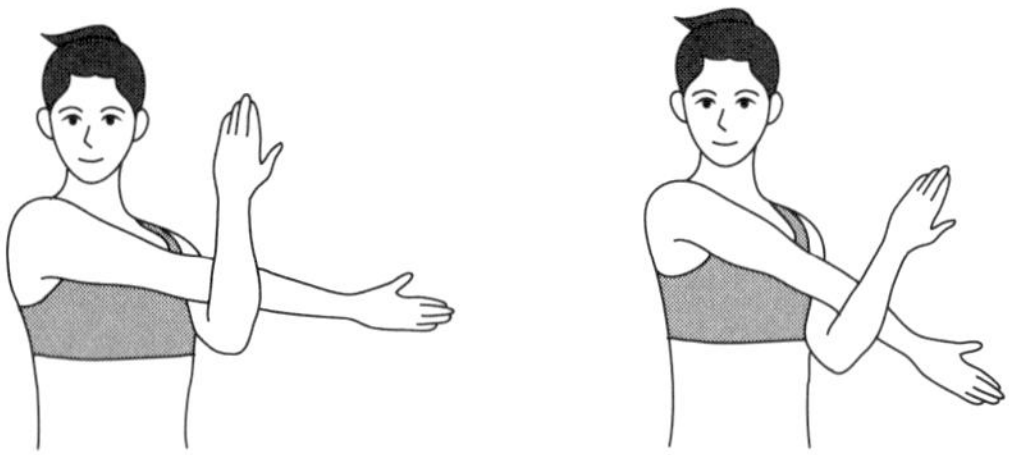

よい例。肩が前に出ないように固定されている

悪い例。引いた腕に肩がついていってしまっている

**図2-02　基部を固定したストレッチングを**

ッチングに利用します。たとえば太もも前面のストレッチングでは、膝を曲げながら後ろへ引く動きをします。このときつま先をもつことで、引く力がより大きくなります。足首をもつとテコが短くなるため、後ろへ引く力は小さくなるのです。

具体的なストレッチングの方法は、第６章に示しました。

# ２－２　筋力トレーニングの理論と効果

## 筋力トレーニングとは？

筋力トレーニングは、スポーツジムのメイン種目です。一般的な健康維持・向上のため、さらにはスポーツスキルを高める補助的運動として効果があります。

筋力トレーニングは、目的の骨格筋に対して負荷や抵抗をかけますが、この抵抗は、専用の筋力トレーニングマシンや、自分自身の体重を利用するトレーニング、フリーウェイトと呼ばれるおもりを利用するトレーニング、ゴムチューブやバランスボールなどの弾性力を利用するトレーニングなど、さまざまな種類があります。

## 筋力トレーニングの効果

筋力トレーニング実践での、生理学的効果を簡潔にあげます。

①シェイプアップに効果大

消費エネルギーに関わる最大の器官は筋肉（約40%）。よって、エネルギー収支が強く関わるシェイプアップには筋力トレーニングが欠かせません。筋力トレーニング講座を3ヵ月間継続した人は、体重・体脂肪変化の改善がみられるという研究報告もあります（図2－03）。

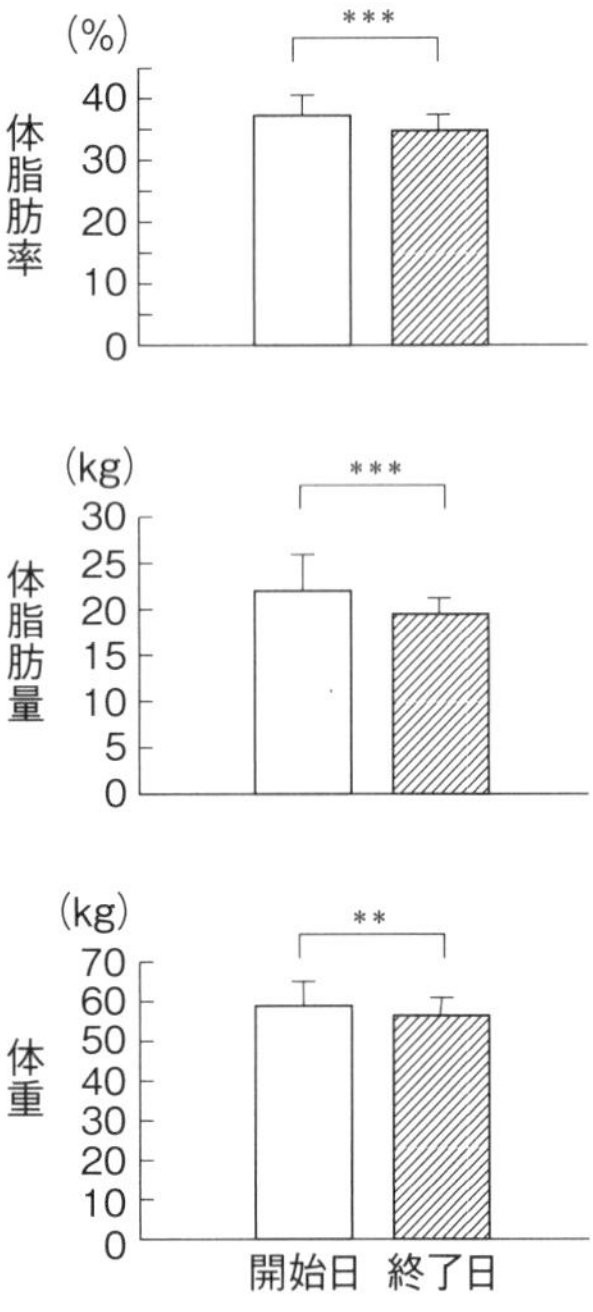


**図2-03　筋力トレーニング講座開始日と終了日における肥満度の変化（体育の科学，勝川ら，2000）**

②生活習慣病への効果

ここ数年、身体へ負荷や抵抗をかけることによる、生活習慣病の予防効果に関する研究が多く報告されています。インシュリン感受性が改善された、糖尿病予防への効果、悪玉コレステロール（LDL）値の低下、動脈硬化の抑制、などが挙げられています。

③骨密度・骨塩量の変化

第1章でも説明しましたが、筋力トレーニングは、骨密度の低下予防と向上に資する可能性が高いです。これは、どの年齢からはじめても効果がある、というデータもあります。

## 筋力トレーニングの原則

ここで、ジム運動の実践前に知っておいてほしい筋力トレーニングの原則をご紹介します。

①過負荷（オーバーロード）の原則

普段の日常生活動作よりもより大きな負荷をかけていくことで、求める体力を段階的に増加させることが可能、という原則です。

②漸進性の原則

トレーニング継続中、負荷は段階的に増加させますが、強度・量は「少しずつ」増加させていくべき、という原則です。「段階的」を守ることは、トレーニング中の怪我や傷害を予防する意味でも重要です。

③反復性の原則

何度も繰り返して行うと、神経―筋協調性のプログラムが構築されます。そして原則②と組み合わせて実践すると、体力は段階的に向上、より目的達成に近づきます。ただし反復しすぎて「超回復」（次項参照）のバランスを崩さぬよう、注意します。

④全面性の原則

ジム運動やスポーツには、その種目に特異的な要素があります。しかし特定部分をトレーニングしていても、それを支えるだけの全体的な基礎体力がなければ、効果は限定的なものになります。基礎的土台となる「全面的な体力向上」を図ることが大切です。

⑤個別性の原則

体力レベル・技術レベルは個々で異なります。性別・年齢・それまでの運動履歴、生活状況、身体的特徴、食事摂取の時間・食事内容など、多くの要素が絡みます。また発達する筋力順位にも差があります。ジム運動で運動カウンセリングが行われるのは、この原則にのっとっているからです。

ここまでが、よく知られている「筋力トレーニングの5大原則」ですが、以下に「プラスα」で3つの原則原理を付け加えたいと思います。

⑥特異性の原則

各種目に合わせて専門的トレーニングを行うことは、その運動スキルを高めるのに有効です。④の「全面性の原則」と矛盾するようにもみえますが、あくまで基本は「全面性の原則」があってこそ、とご理解ください。土台が出来上がったところで、特異性にも着目をします。

⑦意識性（自覚性）の原則

「指導者にすすめられたから」「なんとなくマラソンが速くなりそうだから」ではなく、トレーニングの目的を自身が固め、進める意義をその都度確認しながら実践しましょう。

⑧可逆性の原理

筋力トレーニングによって得られた効果は、永久には持続しません。トレーニングを中断すると、「また元へ戻り」ます。戻るだけでなく、以前よりも悪化した状態になるケースもあるのです。これを可逆性の原理と表現します。

## どの程度のトレーニングをすべきか？

ここでは、筋力トレーニングの強度・頻度・継続時間について考えます。当然、それらは個人によって異なりますが、考え方は一緒です。筋肉組成の基本から、超回復のメカニズムまでを理解する必要があります。

①基準の1RMを知る

人それぞれ、年齢も違えば性別も違いますし、同じ年齢であったとしても、体力・体格によってトレーニング可能な負荷は大きく変わります。まずは、自分の「最大筋力（1回しか反復することのできない重さ）」を計測していきましょう。

最大筋力を運動科学では1RM（＝repetition maximum）と表現します。1RMを正確に測定するには特定の装置が必要ですが、それを設置しているジムは多くはありません。そこで簡易的に1RMを推定する方法をご紹介します。

まず、「これなら10回程度は反復できる」と思われる程度の負荷で筋力トレーニングを実施します。その後休憩をはさんで何度か試行、ここで10回以内の反復ができなくなる重さを確認、その反復回数をメモします。そして、その反復回数が1RMの何%にあたるかを、表2－01の「1RM換算表」で調べます。重さを%の割合で割れば、1RMの数値が出ます。

（例）40kgのバーベルを胸の上で8回反復できたとしたら（9回、10回と持続することは不可能という値）、その重さは1RMの80%に相当、その方の1RMは「40kg÷0.8＝50kg」で「1RM＝50kg」と推定。

②負荷と効果の関係を筋繊維組成から知る

筋肉の基本的な種類と構造を確認することで、トレーニング負荷と効果の関係を知ることができます。

骨格筋は、直径が約50μmの1000以上の細胞＝筋線維が束となり、ひとつの集合体をなしたもの（図2－04）です。筋線維にはアクチンやミオシンと呼ばれる収縮たんぱくが多く含まれます。この収縮たんぱくはフィラメントと呼ばれる1000以上の構造によって配列され、これらが互いに移動することで筋線維が収縮する、という仕組みです。これにより、筋線維の集合体である「骨格筋」が収縮し、人間は身体を動かすことができるのです。

筋線維はその特性により、3つに分類されます（表2－02）。まず遅筋線維（Type I線維：収縮速度は遅いが疲労しにくい）と速筋線維の2分類。さらにこの速筋線維はType IIA線維（＝収縮速度は速く、疲労しにくい）とIIB線維（＝収縮速度は速いが疲労し

| % 1RM | 反復回数 | 自覚強度 | |
|---|---|---|---|
| 100% | 1 | 非常に重い | |
| 95% | 2 | | |
| 93% | 3 | | |
| 90% | 4 | かなり重い | |
| 87% | 5 | | 筋力づくり 筋力アップ |
| 85% | 6 | | |
| 80% | 8 | 重い | |
| 77% | 9 | | |
| 75% | 10〜12 | | |
| 70% | 12〜15 | やや重い | |
| 67% | 15〜18 | | 筋持久力アップ |
| 65% | 18〜20 | | |
| 60% | 20〜25 | 軽い | |
| | | 非常に軽い | フォームの習得 |
| 50% | 30〜 | | |

**表2-01　1RMに対する割合と反復回数の目安**

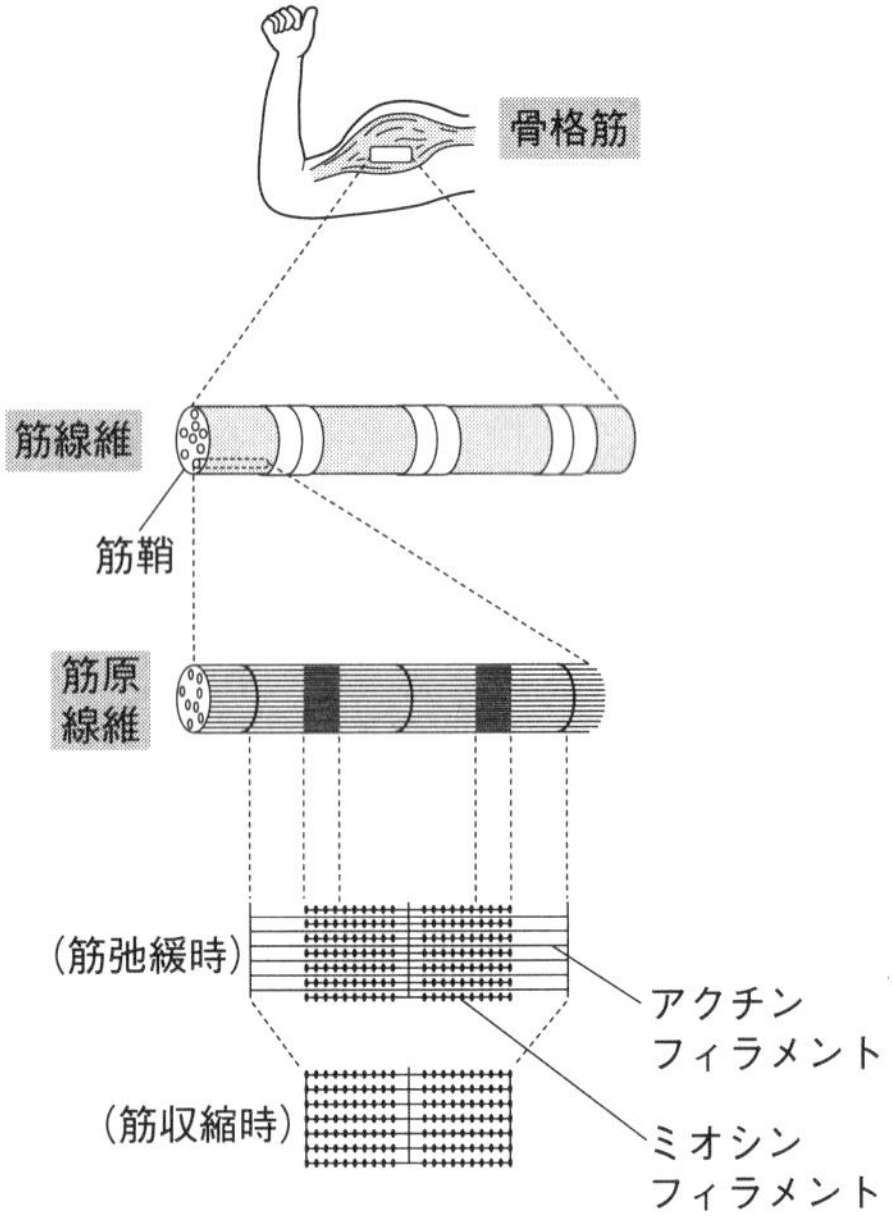


**図2-04　骨格筋の構造および筋原線維の構造**

やすい）という2つに分類されます。この線維の集団が運動単位（1つの運動ニューロンによって支配されている筋線維のこと。Motor unit＝MUと呼ばれる）によって支配されています。

筋力を発揮する際の負荷をさまざまに変化させ、どういう運動単位が利用されているのか筋電図を用いて解析すると、負荷が軽いときにはTypeI線維から優先的に動員があります。そして負荷を徐々に増やすと、TypeIIB、TypeIIAという速筋線維の運動単位が動員され、負荷が最大筋力付近になるところで、すべての運動単位が動員されます。

ここからわかることは、筋肉を軽い負荷でトレーニングするときは、筋肉中の速筋線維グルー

| 筋線維種類 | 遅筋線維 | 速筋線維 | |
|---|---|---|---|
| 別名 | Type Ⅰ線維 | Type ⅡA線維 | Type ⅡB線維 |
| 運動の種類 | 陸上長距離<br>ウォーキング<br>など | 柔道　相撲<br>レスリング<br>陸上中長距離<br>など | 陸上短距離<br>ボールを投げる<br>ボールを蹴る<br>など |

**表2-02　筋線維のタイプ分類**

プはほとんど活動せず、少なくとも1RMの70％以上まで負荷を上げないことには速筋線維の運動単位は使われません。言い換えれば、「自分の1RMの70％以上の負荷をかければ筋力アップにつながる」のです。

最後に筋線維組成とスポーツの関連についても説明します。たとえば、持久力を求められるマラソン選手の太ももの筋肉は、「TypeⅠ線維の割合が高いのに対し、短距離選手では「TypeⅡA/Bの割合が高いことが知られています。こうしたスポーツ選手ごとの筋線維組成を調べた研究では、筋線維の組成は運動の種類によって異なることがわかっています（図2－05）。これは、トレーニング負荷とその効果をとらえる意味でも重要なファクターとなります。トレーニングの目的をはっきりさせると、その強度と将来的な効果も、より明確になるでしょう。

③超回復の観点からみたトレーニング頻度

筋力トレーニングをどのくらいの頻度で行えばいいのでしょうか。これを、運動科学の理論的観点からとらえたものが「超回復」というメカニズムです（図2－06）。トレーニングで消耗した筋力や筋持久力が徐々に回復しはじめたとき、元の体力レベルを超えた時期を捉え、次の

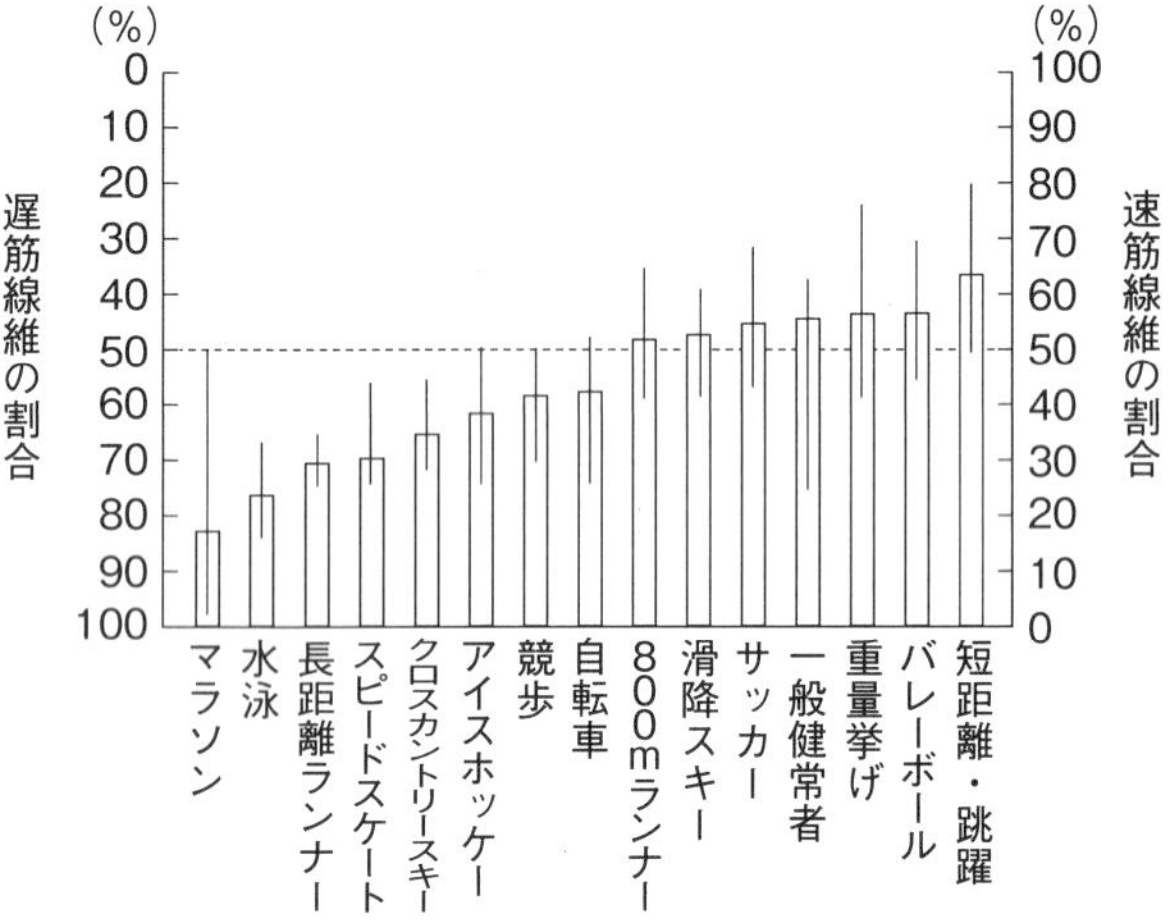


**図2-05　スポーツ選手の筋線維組成（男性）(Fox, et al., Journal of Applied Physiology, 1982)**

トレーニングを設定して実施する流れのことです。

多くの研究報告から得られた見解は、超回復を利用したトレーニングをするには、1週間に2~3回の頻度が妥当だというもの。ただしこれがすべてではありません。

初心者であれば、回復に2~3週間も要することがあるので注意します。ただ、その回復力は早まる傾向にあり、たとえば、初心者の方では、回復に1ヵ月かかったものが最終的に3~4日になるなど、トレーニングレベルの上昇とともに、短縮していきます。

ジムには、週2~3回通うのが理想とされますが、その理由の一つが、この超回復のメカニズムにあるのです。

### ④オーバートレーニングと頻度の関係

トレーニングを始めると、早急に筋力アップをはかりたい、あるいはすぐにシェイプアップしたいなどの欲求が頭をもたげてきます。それ以外にもいろいろな思いが相乗し、オーバートレーニングに陥る方が少なくありません。これは上級者でも初心者でも同じ。健康の維持や増進のために始めたことが、かえって痛みを増長させたりすることもあるのです。

筋力トレーニングの場合、オーバートレーニングの兆候を見極めるのは、比較的容易です。早い時期に、前回できた重さが挙上できない、筋力が伸びてこない、などの具体的な〝症状〟がみられます。量や強度・頻度が適切であるかどうかは、トレーニングを継続し、様子をみながら自覚できる範囲内で本人が決定する、あるいはインストラクターが症状に応じてアドバイスをするなど、状況把握と対応が適切に行われる必要があります。

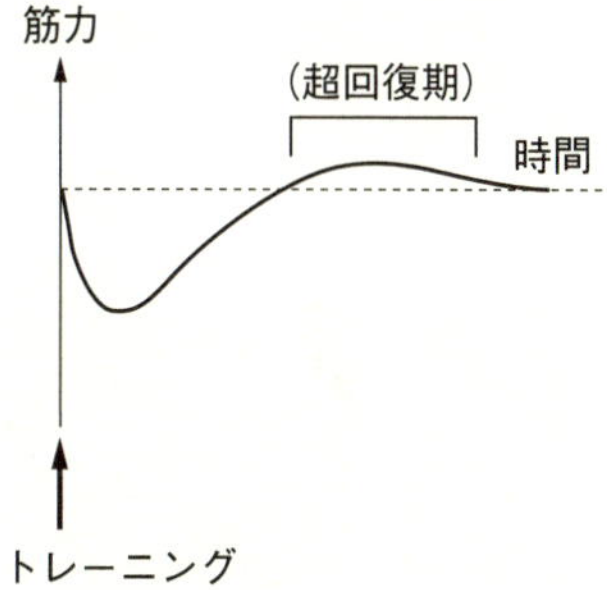

**図2-06　超回復**

### ⑤最初の効果は3ヵ月かかる

ジムに通い始めたばかりの初心者の場合は、筋力トレーニングを始めて2ヵ月くらいまで、筋肉自体は、あまり太くなりません。筋力発揮に参加する運動単位の数が増えないことには、筋肉を使用する際にさまざまな抑制がかかるからです。それが徐々になくなり、それぞれの運動単位にまんべんなく刺激がいくようになると、筋そのものが肥大、真の意味でのトレーニング効果が表れます。
初心者であれば、約3ヵ月かかることを念頭におき、途中でやめてしまったら元へ戻ってしまうことを忘れないでください。

## トレーニング計画の考え方

筋力トレーニングの考え方を理解したら、いよいよトレーニング計画を立てます。現実には、ジムのインストラクターやスタッフに相談して決めることになりますが、ここでは、頭に入れておくべき3つの基本的な考え方をお話しします。

①ピリオダイゼーション

生物は環境が変わるとその変化に適応していく、という生物学的な基本原理があります。これはトレーニングにも当てはまります。2〜3ヵ月同じトレーニングを続けていくと、身体がそれに適応して、わかりやすく表現すると「慣れて」しまいます。こうした適応は、トレーニング効果を頭打ちにさせてしまいます。そのため、筋力トレーニングを年間通じて同じ内容でするのではなく、月別・季節ごとなど、強弱のリズムをつけて行うことが理想的だ、というものです。これを「ピリオダイゼーション」とよびます。

ただ、この概念はある程度レベルの高い中・上級者向けです。初心者の場合は、トレーニングに強弱をつける前の、基本的な筋力アップが必要です。長い期間の一本調子トレーニングは少々覚悟してください。

②大きな筋群から小さな筋群へ

ジムでのトレーニングで、全身の筋力増強を目的とした場合の、典型的なトレーニング種目とその順序例を表2－03に示しました。一般的に、体幹に近い大きな筋肉群から小さな筋肉群へ向かってトレーニングをするほうが、安定した全身の筋力増強につながります。

| 順番 | 種目 | 効果のある主な筋群 |
|---|---|---|
| （ウォームアップ） | | |
| 1. | レッグプレス | 大腿四頭筋など |
| 2. | レッグカール | 大腿二頭筋など |
| 3. | アブクランチ | 腹直筋など |
| 4. | チェストプレス | 大胸筋など |
| 5. | ラットプルダウン | 背筋など |
| 6. | ショルダープレス | 三角筋など |
| 7. | アームカール | 上腕二頭筋など |
| 8. | プレスダウン | 上腕三頭筋など |
| （クールダウン） | | |

**表2-03　全身の筋力増強のためのトレーニング順序例**

ほかにも、一番必要としている筋群のための種目から優先的に行うという「プライオリティ・プリンシプル」というトレーニング手法もあります。初心者であれば大きな筋肉群のうち、まず筋力アップが必要な筋肉はどこか、を見極めてこの手法を利用します。

たとえば腰周りが弱いので腹部を強化しなければいけない、という場合は腹部、腰背部の筋トレーニングを一番初めに行う、これは、この手法にのっとった筋力トレーニングです。

③スプリットルーチーン

トレーニングを続けていくと、トレーニングボリュームも上昇しますし、超回復メカニズムの考慮も難しくなります。そういう方は、「トレーニングの細分化」をお勧めします。身体の部位別にコース分けし、実施するコースを日によって変えてトレーニングしていくという方法です。「スプリットルーチーン」といいます。

たとえば、週3度のトレーニングをするとします。そこをA、B、C、の3つのコースに分け、Aでは大胸筋や広背筋を中心に、Bでは肩・上腕筋群を中心に、Cでは下半身の筋群をトレーニングします。一日のトレーニング時間を短縮することができますし、内容も濃くなります。

筋力トレーニングの具体的なメニューは、第6章6－3に紹介しています。

## 2－3 ウォーキングの理論と効果

ウォーキング＝歩くこと。有酸素的な運動で怪我の心配も少なく、比較的ほかの運動やスポーツに比べ、取り組みやすいことが特徴です。ジムには専用のウォーキングマシンも用意されています。ただし単調動作なので、ジム運動で継続をしていくには工夫が必要です。レベル上昇とともに緩急を大きくつける、レッスンに参加しながらウォーキングを違った形で実践するなど、さまざまな取り組みをしたいもの。心拍数を測りながらの科学的メソッドにのっとった形でトレーニングを積むと、ランニングに劣らない立派な運動にもなります。

## 心拍数応答からみた有酸素性作業能力の向上

ウォーキングを行っていくと、心拍数はある程度まで上昇をみせるものの、最大にまで達することはなく、成人男性で120～140程度までに収まり、運動継続が可能です。適度な運動ですが、全身へ血液を送り出す心臓は強化されるので、どの年齢の方にもフィットする運動としてジムでは推奨されています。また運動レベルの高い方は、安全なウォームアップとして取り入れることができます。

ウォーキングは有酸素的な運動ですから、継続することで酸素を運搬する運動能力（有酸素性作業能力）を向上できます。酸素の運搬能力を測るには心拍数の応答を用いますが、ウォーキング運動を継続した場合、歩行時の心拍数が減少していきます。これは、有酸素性作業能力が向上していることを意味しています。

ウォーキング継続で運動時心拍数が減少したことを示す研究成果もあります（図2－07）。これは一定の速度で歩いたときの心拍数を、12週間のウォーキング教室の前後で比較したものです。ウォーキングを継続することで、同じ歩行速度でも心臓にかかる負担が減少することを示しています。

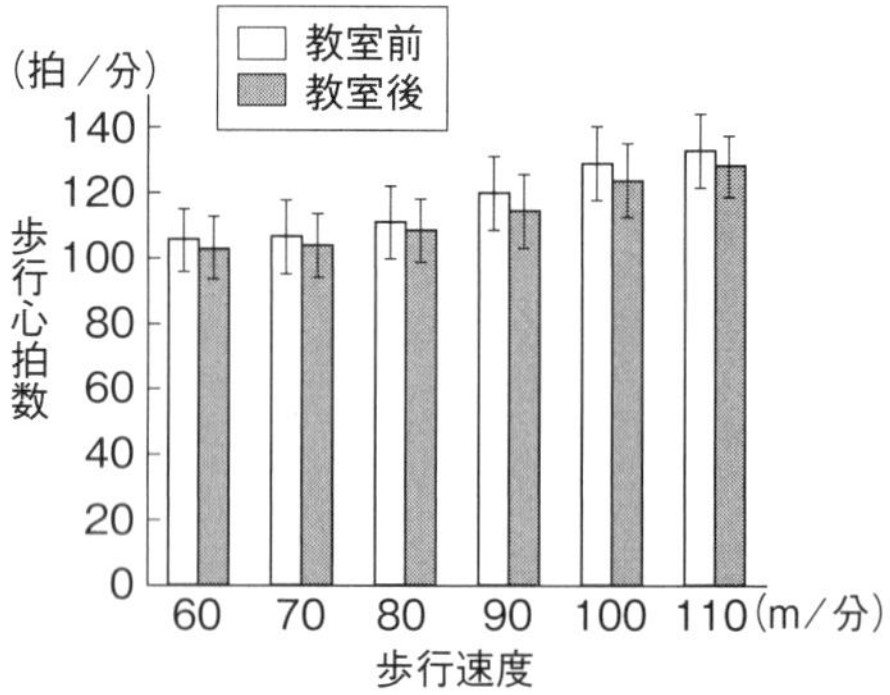


**図2-07　12週間のウォーキング教室前後の各種歩行速度における運動時心拍数の変化（体育の科学，久埜と宮下，1990）**

## 肥満予防の効果

ウォーキングが「肥満」対策になることは、ご存じだと思います。ウォーキングを続けていけば、肥満を改善し、血液性状の数値も改善します。

肥満傾向にある中高年男性に対し、週に3回、45分間のウォーキングを9カ月間実施してもらった実験があります。運動に加えて食事制限をしたグループと、食事制限をしなかったグループに分けて、それぞれ見られた血液性状変化を調べたものです（図2－08）。食事制限を行ったグループはもちろん、ウォーキングだけのグループも、中性脂肪、コレステロール値の減少に加え、善玉コレステロールのＨＤＬ値が増加しています。

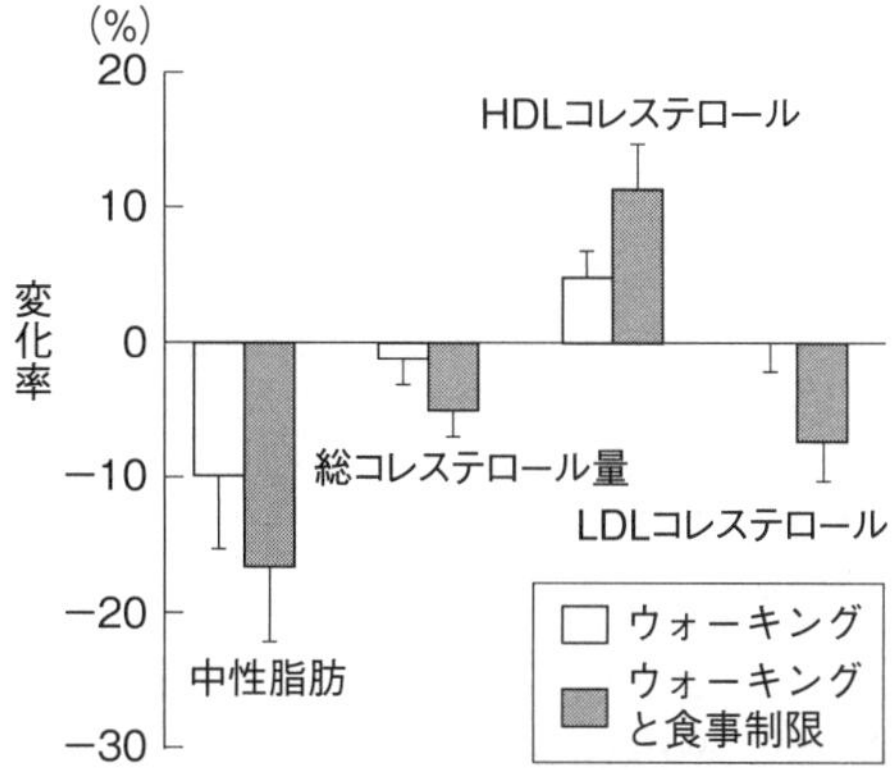


**図2-08　肥満傾向にある中高年男性にウォーキング、ウォーキングと食事制限を行った2群での血液性状の変化** (Katzel, et al., Medicine Science in Sports Exercise, 1997)

## 心理的な変化も

人間の身体というものは興味深いもので、心に反応します。たとえばいやな人がそばに来たら、なぜか手に汗をかいて身体が逃げ腰になったりしませんか？　これは精神的な状態によって交感神経活動が亢進している証。心が身体に影響を及ぼすのですね。

反対に、身体が心へ影響を及ぼすこともあります。適度な有酸素性の運動を定期的に行うと、脳の血液中に「β－エンドルフィン」というホルモン物質が増加します。これはストレスを受けた際に苦痛や痛みを緩和してくれるホルモン（脳内麻薬物質）のこと。ウォーキング中でも、体内でこのホルモンは分泌されるのです。

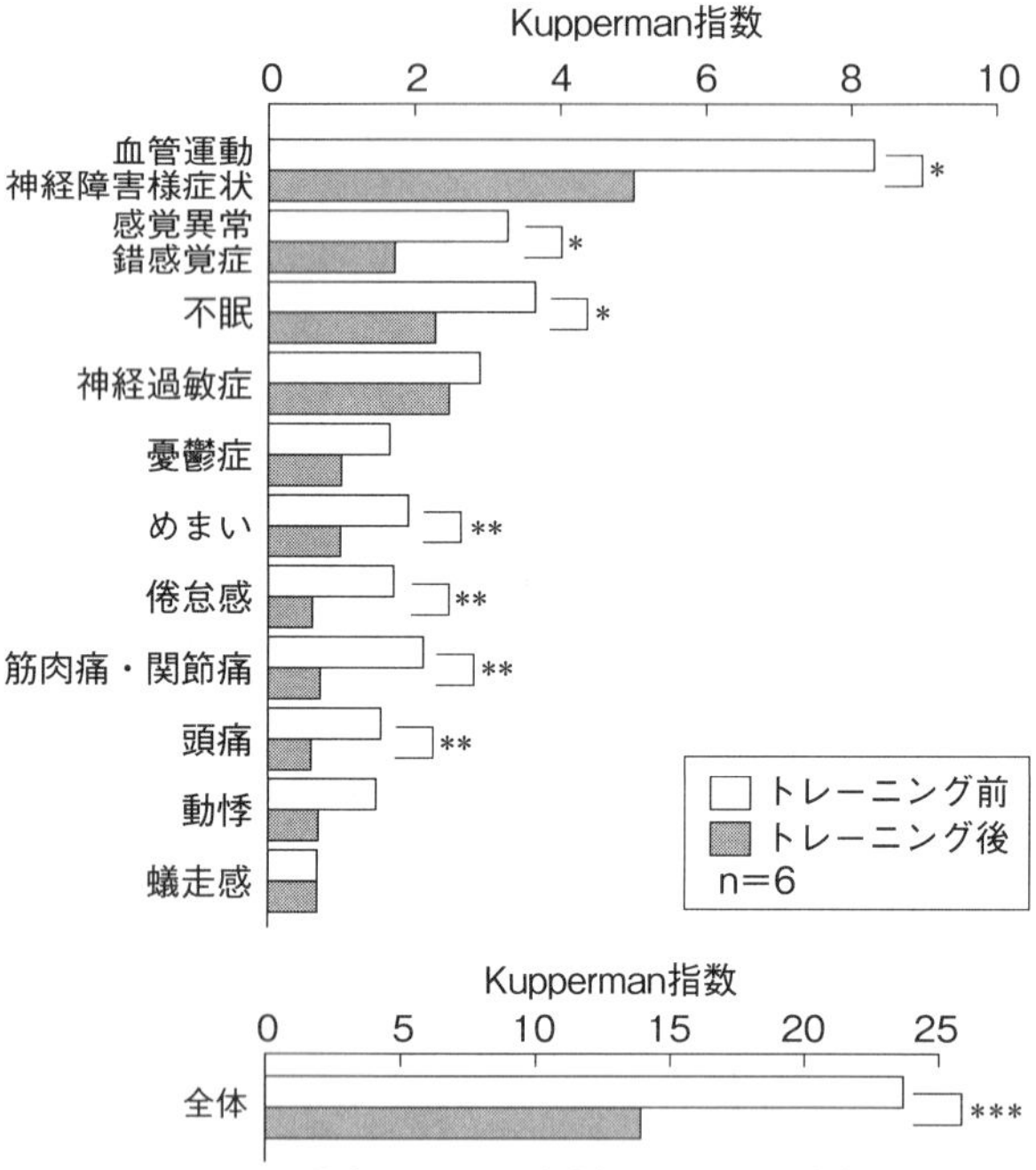


＊：p<0.05, ＊＊：p<0.005, ＊＊＊：p<0.001

**図2-09　トレーニング前後での更年期障害にみられる変化**
**（体育の科学，進藤ら，1988）**

運動は、更年期障害に対しても好影響を及ぼすことが明らかにされています。更年期障害には感覚異常、不眠、憂鬱、めまい、倦怠感などがあり、これらの重症度を「Kupperman 指数」で示すことができます。60歳～73歳の高齢者に対し、週に2回のウォーキング（プラスその他の有酸素的な運動）を定期的に実施してもらい、その前後の症状を Kupperman 指数で示した研究成果をみてみましょう（図2－09）。ウォーキングなどの有酸素的運動を継続することにより、憂鬱な症状やめまい、倦怠感などのマイナス要素が減少し、身体の痛みに対する感情も軽減されたことがわかります。

ウォーキングを通じて身体への効果だけでなく、生活全般にわたる過ごし方、日々の気持ち、考え方にまで変化を及ぼす可能性があるということは、興味深いことですね。

### ウォーキング前のチェックポイント

実際にウォーキングを始める前に、以下の項目をチェックしましょう。

①姿勢のチェック

ウォーキング前に壁に背中をつけて立ってみましょう（図2－10）。頭、肩、腰、かかとが壁に同時につけば、まっすぐの良好な立ち姿勢です。軽くあごを引き、肩に力を入れず、リラックスします。故障を防ぐ上でもはじめの姿勢はよい形に。

②靴選び・服装
機能性の高いシューズ（靴底に弾力がある、厚みが十分、横幅に注意など）を選択することで運動効果もアップします。第4章4－2に、詳しい選び方を示しました。
③ウォーミングアップ、クーリングダウン
中・上級者はウォーミングアップに「動的ストレッチングメニュー」を取り入れるとよいでしょう。第6章6－2に詳しいメニューを紹介しておきました。
④体調確認項目3つ
・持病のある場合は専門医と相談を
腰痛や膝痛、糖尿病などの持病がある方は専門医に相談をしてから取り組みます。
・空腹時や食後は避ける
空腹時は疲労感をより大きく感じるので、体力増強や脂肪燃焼に効果的とはいえません。また、食後は消化に30分はかかるので直後は避けます。

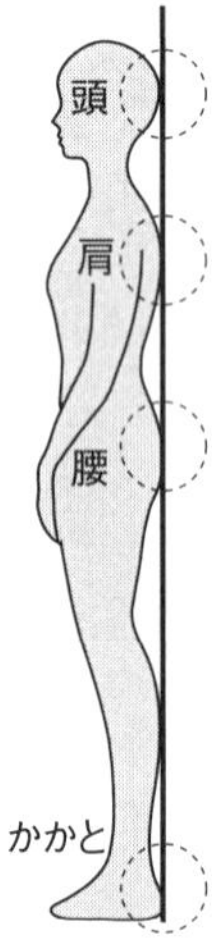

壁に背中をくっつけて姿勢を確認する。頭はまっすぐ。肩には力を入れない。腰はおしりに軽く力を入れる。足は均等に力がのるようにする

図2-10　立ち姿勢の確認

・調子が悪いと少しでも感じたら行わない
心拍数を計り、いつもよりも鼓動が速い・遅いという場合などは実践を控えます。

⑤心拍数の計測

どのくらいの心拍数が自身にとってよいウォーキング強度なのか、を把握することで、シェイプアップ効果や体力増強効果が変わります。腕時計型の心拍数測定器などもありますが、時計を見ながら自分で心拍数を計測できます。ジムには、心拍数の自動計測可能なシステムを備えたウォーキングマシンもあります。

ここでは、どの程度の心拍数でウォーキングをするのが良いのかを、計算してみます。計算には、以下の3つの要素が必要です。

1　安静時心拍数

朝起きたときの心拍数や、ウォーキング開始前の安静時の心拍数。計測するには、人差し指、中指、薬指の3本を反対の手の親指付け根部分に軽く当て、脈を感じたら15秒間（あるいは10秒間）数えて4倍（10秒の場合6倍）します。

2　最大心拍数の目安

心臓が最大限に動いたときの心拍数を最大心拍数と呼び、220から年齢を引き算したものが目安。たとえば50歳であれば、220－50で170拍／分です。

3　目標とする運動強度

ウォーキングは無理のない運動ということで、最大心拍数のおよそ50～60％の運動強度心拍数が理想に。少し体力アップを図りたい場合は、若干高めの60～70％程度、より本格的な体力増強を図りたい場合は70～75％程度です。これは、ご自分の目的にあわせて任意で設定します。

これら安静時心拍数、最大心拍数、目標とする運動強度をもとに、目標の心拍数を算出します。計算式は、以下のとおりです。

目標心拍数＝｛（220－年齢）－（安静時心拍数）｝×（運動強度（％））＋安静時心拍数

（例）45歳の方で安静時心拍数が68、運動強度を60％

目標心拍数＝｛(220－45)－68｝×60％（0.6）＋68＝132.2≒132拍／分

運動強度を75％に上昇させた場合は、

目標心拍数＝｛(220－45)－68｝×75％（0.75）＋68＝148.25≒148拍／分

このような範囲で心拍数を保つよう、ウォーキング最中に10秒間だけ脈をとったらそれを6倍して心拍数を確かめます。立ち止まると急激に心拍数が低下しますので歩いたままでの計算がよいでしょう。目標心拍数に達し、かつ心地よく運動できていると感じればそのまま継続を。

初心者の方は50％運動強度で20分程度、中級者であれば60～65％運動強度で30～40分程度、上級者であれば70％前後の運動強度で30分以上を目指します。

## 歩く動作のプロセス

歩く動作は、日常生活の中で無意識に行っている場合がほとんど。しかしこの動作をよく分析してみると、6つの「時期（パターン）」に分別されます（図2-11）。大切なのはこのパターンが別々なのではなく「全体として調和され、ひとつにまとまっている」ということです。

①踵接地期：体重を支える
②足底接地期：上体の支持を確保する
③立脚中期：蹴りだし直前
④蹴りだし期：バランスの維持
⑤趾《し》尖《せん》離地期：脚の引き上げ
⑥遊脚中期：脚の振り出し

まず、①・②ですが、これは前足のかかとが地面に着地してから足底全体が地面に平らにつき、さらに前足の足首が屈曲するまでの時間帯です。このプロセスでは、体重を支え、身体を安定した状態に保つことが大切です。これができないと前後左右に身体がぶれ、身体をゆすりながら歩かなければなりません。

次に③ですが、これは後ろ足のかかとが地面から離れてつま先での地面の押し（蹴り）が最大

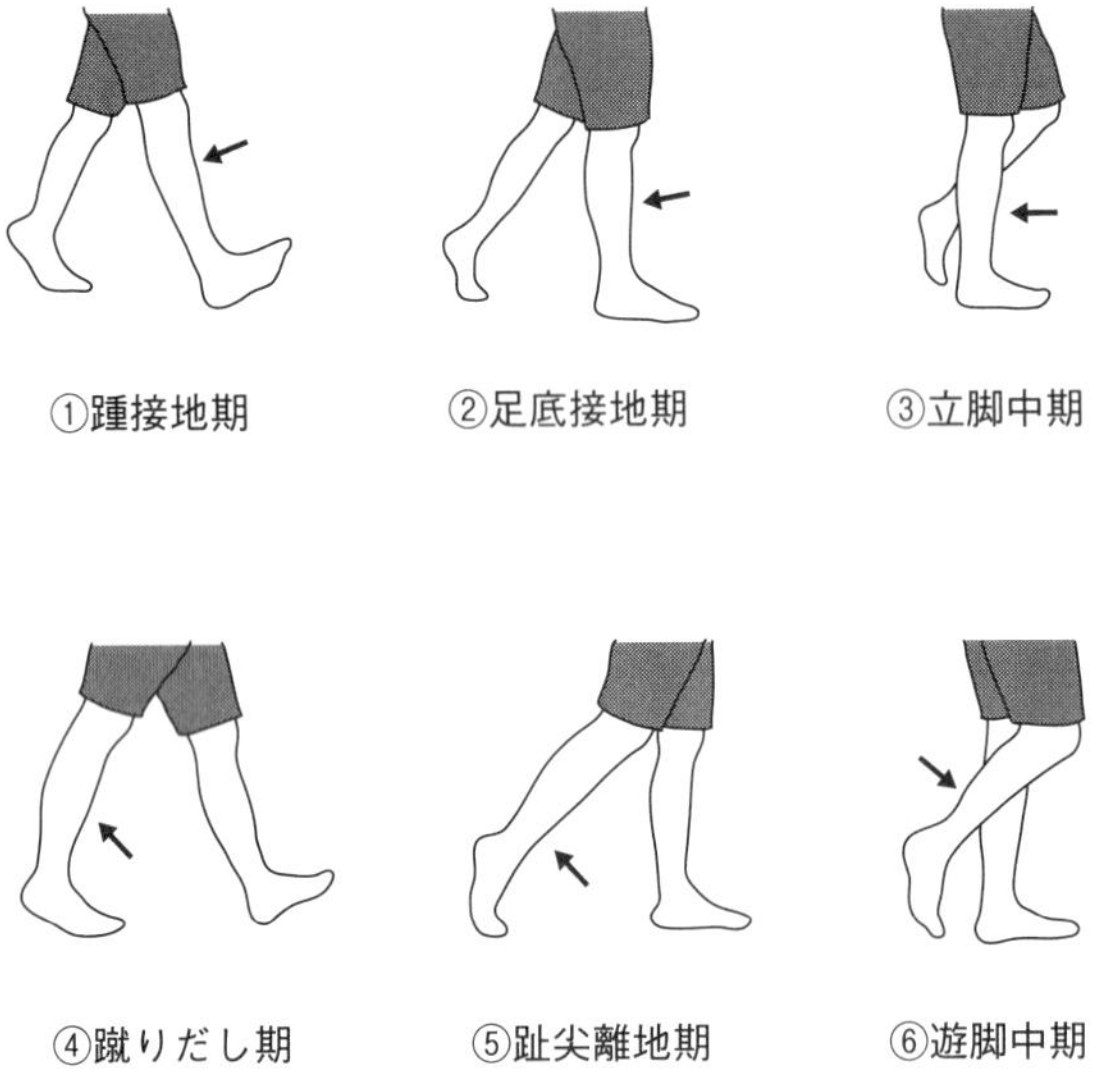


**図2-11　ウォーキングの各時期**

になるまでを示します。この蹴りの強さ（反発力）が歩く力強さを決めることに。

④は蹴りだしの初期ですが、ここで身体のバランスが保たれないとうまく歩けません。

⑤の脚の引き上げは、後ろ脚のつま先が地面を離れてから、次に前足として前方へ振り出す準備期間です。

最後の⑥は、前に振り出した脚の膝が振り出されて伸びきるまでを示します。前足として振り出した脚の膝は最後にまっすぐ伸ばされ、この足のかかとが地面につくと、再び①へと戻って繰り返されます。

歩く動作を機能的プロセスとして追う

と、このようにいくつかの要素に分割されます。美しく正しく歩くためには、この6パターンが丁寧に調和されることが必要になるのです。歩きひとつとっても奥深いことが、ここでお分かりいただけたでしょうか。

## ピッチかストライドか

実際にウォーキングに入る前に基本的な動きを押さえましょう。大切なのは、腕や肩を引くために存在する「肩甲骨を動かすこと」です（図2－12）。ここがスムーズに動くか動かないかでウォーキングの疲労度は変わってきます。

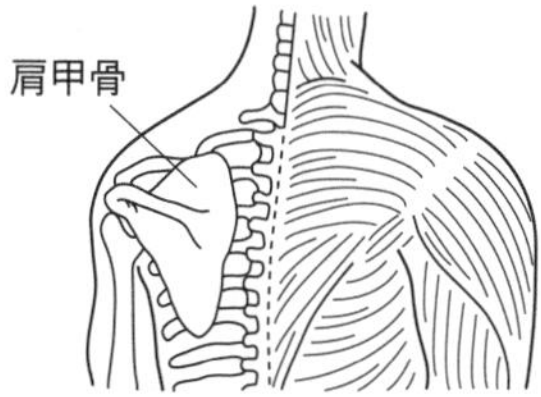


**図2-12　肩甲骨**

実際のウォーキングについてですが、ここでは2通りの歩行方法を紹介します（図2－13）。

①ピッチ優先ウォーキング

ふだん歩く歩幅は、身長から100cmを引いた値といわれています。この歩幅で歩くリズム（ピッチ）を速める方法です。初心者はこの方法から始めてみるといいでしょう。

②ストライド優先ウォーキング

歩幅（＝ストライド）を大きくとる歩行方法です。中級者はスピード

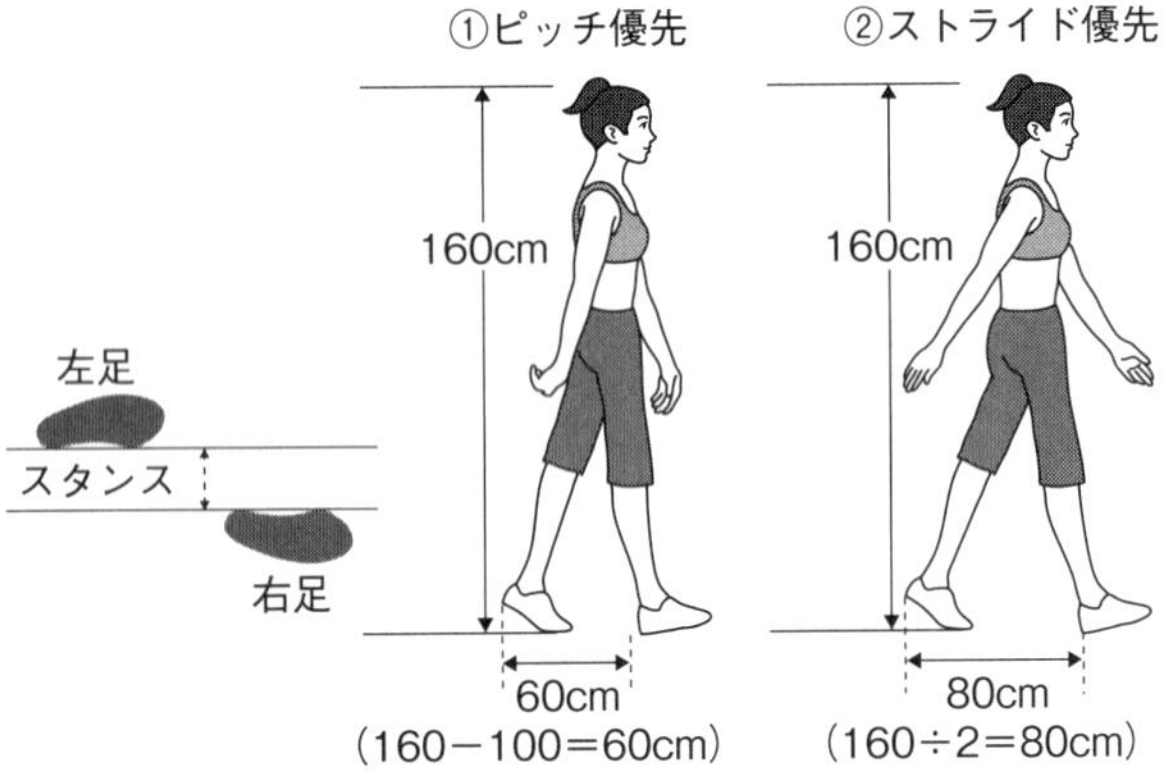


**図2-13　歩行方法とスタンス**

をゆるやかにして、上級者はピッチも上昇させて取り組みます。目安としては、身長の半分の値をストライドとして歩きます。

次にスタンスについても考えてみましょう。スタンスとは片足の内側からもう片方の足の内側までの距離をさします（図2－13左）。ウォーキングではこの幅が広すぎないほうが、歩きやすいです。足をまっすぐ前に踏み出し、かつ後ろ足を伸ばして前足を振り出すように歩くと、ぶれのないスタンスが得られます。ガニ股や内股歩きはスタンスが広い、あるいは狭いので、姿勢が悪くなります。

基本的なウォーキング時の重心移動は、「かかとから着地→足の裏外側→足の裏内側→親指付け根→つま先で地面をぐっと押し出すように蹴る」という順番です。これを意識せず、つま先でちょこちょこ歩くような足の着地や、べた足でしっかりと地面を蹴らないような歩き方は、重心移動がスムーズでないため、全身疲労や腰の痛みを感じます。長い時間、長い距離を快適に歩くためにも、少し気をつけて下さい。

ウォーキングにもメニューがあります。第6章6－4に掲載しておきました。ウォーキングを自在に、ジム内でも外でも楽しんでください。

## 2－4　ランニングの理論と効果

ウォーキングより運動強度が高いのが、ランニングです。屋外を走るのも楽しいですが、ジムでランニングマシンを使えば手軽に楽しめますし、天候に左右されないというメリットもあります。多くのファンがいるスポーツですが、怪我が心配、疲れやすい、などのネガティブなイメージもあります。ここでは、ランニングの生理学的効果や安全で効果的な手法などをご紹介します。

### 効率よい体脂肪燃焼

ランニングを継続的に実践すると、ウォーキング実践よりも格段に速いスピードで肺や心臓が刺激され、働きが活発になります。これは心臓病や動脈硬化の進行を予防します。さらに、血管を太く柔らかくし、血流改善で血圧を安定させる効果があります。ただし、高血圧の方は、ウォーキングのほうがお勧めです。

ランニングはややレベルの高い有酸素的な運動ですから、体脂肪燃焼が効率よく行われます。また、筋肉に適度な刺激が加わりながら汗をかき、ウォーキングより強度も高いので、非常に効率よく基礎代謝が上昇します。

実際に、ジム運動でウォーキングからランニングに変えた方々は、体脂肪率の減少速度が急激に上がっていました。年齢を問わず、これは確実な「現場からの報告」です。

また、走るという行為そのもので脚部を中心とした筋力アップが可能になるのもランニングの大きな特徴です。続けていけば、普段の仕事や家事での歩き、階段の昇降時などに疲労を感じることが少なくなることもあります。さらに、長い時間運動することに身体が適応するので、仕事などで腰や脚に負荷がかかっても疲れが残りにくくなります。筋力のみならず、走りの継続で骨代謝も増加するため、カルシウムの生産も活発になり、骨も丈夫になります。

## ランニングを始める前に

ランニングは運動強度が高いため、怪我をしやすい種目でもあります。そのため、十分な準備も必要です。

①ウォーミングアップを十分に

ジムのランニングマシンにいきなり乗って走りはじめる人がいますが、いきなり走り始めると、足の脛やふくらはぎが張り、怪我に直結します。特に、日頃運動していない方は、ガチガチに固まった弾力性に欠ける筋肉・関節ですから、まずはこれをほぐすためにも、ウォーミングアップは必ず実践しましょう。

②姿勢の確認をしながらツイストウォーキングを

走る前にツイストウォーキング（第6章6－4）を行います。骨盤の傾きや下腹部の力の入れ具合、肩甲骨が引き寄せられているかどうかで走りの快適さが違ってくるからです。ランニングは急激に心拍数を上昇させる激しい運動です。準備運動後に、姿勢を確認する上でもツイストウォーキングを5分前後行いながらランニングへ移行しましょう。

③シューズ、ウェア

ランニングは足関節により強い刺激が加わるため、シューズは軽くて弾力性のあるものを吟味します。また、汗もより多くかくことになるので、シューズ、ウェア共に吸収性のよいものを選びましょう。

第6章6－5に、ランニングの実践法を記載しています。

# 第3章　ダイナミックエクササイズの理論と効果

# 3-1 エアロビクスの科学

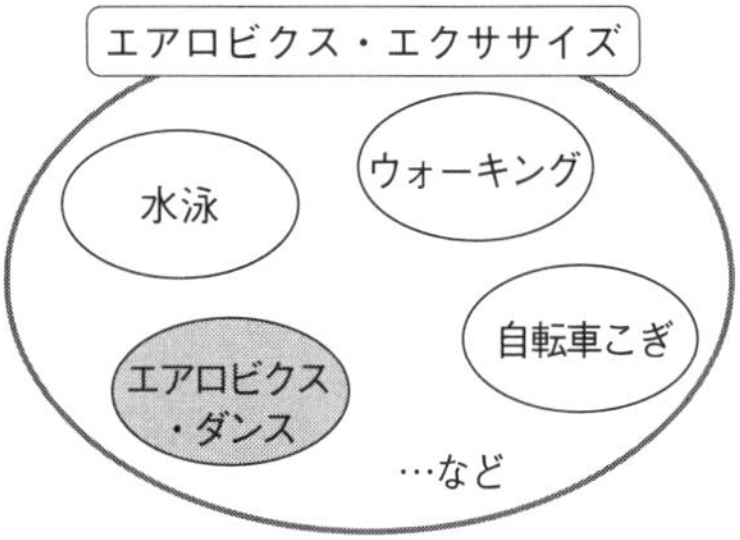


**図3-01　エアロビクス・エクササイズの種類**

## クーパー博士のエアロビクスから

ジムで通常「エアロビクス」と呼ばれているのは「エアロビクス・ダンス」を指します。ですが本来は、エアロビクスとはダンスだけではなく、水泳運動やウォーキング、ジョギングなどの有酸素的な運動すべてを含みます（図3-01）。これを理論化したのがアメリカの空軍軍医であったクーパー（K. H. Cooper）博士。1960年代に彼は、「エアロビクス理論」を開発、彼の理論が発表されるとたちまち全米に広がりました。著書の『Aerobics』は1968年のベストセラーに。翌1969年には、べつのアメリカ人によってエアロビクス・ダンスが考案され、10年後の1979年には、ロサンゼルスのビバリーヒルズにスタジオが開設されました。

1972年には日本でもこの本が翻訳されましたので、詳細をもっと知りたいという方はこの訳本に一度目をとおされることをお勧めします（ケネス・H・クーパー著『エアロビクス―新しい健康づくりのプログラム―』加藤橘夫監修、広田公一・石川旦訳、ベースボール・マガジン社、1972年）。

なお、本書でも、日本人の一般の理解に従い、エアロビクスと表記した場合はエアロビクス・ダンスを指すものとします。

## 粘り強さを形成するエアロビクス運動

通常ジムで行われるエアロビクスは、有酸素的な作業能力を高める＝粘り強さを高めるための能力を鍛える運動です。楽しさやリズミカルな要素がふんだんに盛り込まれており、プログラムも豊富です。同じ時間を1人で走るよりも、運動を楽しみながら、しかも長い時間、継続できるかもしれません。

ジムでは、最低でも30分以上のクラスが設定されており、長いクラスでは90～120分近く行うものもあります。ウォーキングメインあり、ステップやリズムに合わせた、ダンス要素をふんだんに取り入れたものあり、さらにはジャンプやランニングなどが盛り込まれたクラスまで、実にさまざまです。初心者から上級者まで、レベルに合ったクラスが用意されています。

身体の中に取り込むことができる酸素量の最大値を「最大酸素摂取量」といいます。エアロビ

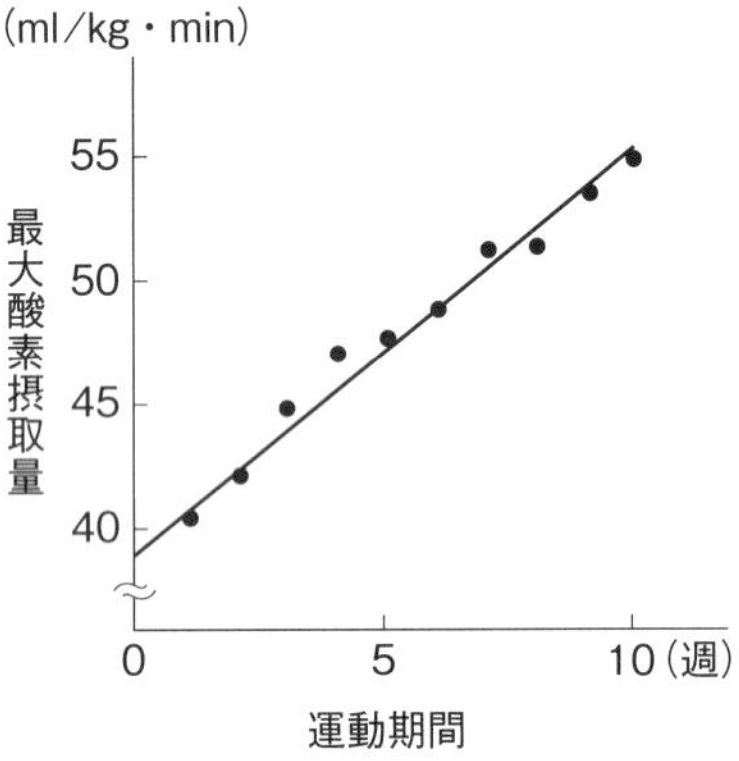


**図3-02　有酸素性トレーニングによる最大酸素摂取量の変化（Hickson, et al., Journal of Applied Physiology, 1977）**

クスは、これを向上させることができる運動です。身体の中にとり込む酸素量が多いほど、粘り強くなります。

エアロビクスとウォーキングによるトレーニングを10週間継続した結果、最大酸素摂取量が増加したという研究成果もあります（図3－02）。素早く多量の酸素を吸い、血液を身体中に還流させ、身体の隅々までその酸素を供給する能力が獲得できるのは、エアロビクスの大きな利点です。

## エアロビクスの特徴

いくつかの特徴や注意点などをご紹介します。

①目的は健康的な身体や体力づくり
技術向上や美的表現を目指すものではないので、無理のないようにしましょう。他人との比較も必要ありません。

②多くの人と手軽に

一人あたり広い場所を取らず、特別なプログラムをのぞいては、用具がいりません。多くの人が、同時に十分な運動量を獲得できます（クラスによってはチューブやステップを用いたりしますが、それはエアロビクスとは異なったクラスです）。

③音楽に合わせたダンス要素の運動実践

プログラムの流れに沿って、それにふさわしい曲調と速さを備えた音楽が使われます。インストラクターのスキル次第、という難儀な部分も含まれますが、音楽次第で動作の反復回数や身体の可動範囲が変わってくるため、運動強度を変え得るひとつの要因にもなります。また、単調に走ることが苦手、有酸素的な運動を１人で行うのは難しい、という場合には、音楽はよい手段となるでしょう。

④バランス維持能力・敏捷性アップ

エアロビクスでは、３次元に多様に動きます。このため、身体バランスを維持する能力や、敏捷性のある動きを獲得できます。初心者レベルでは、前後左右方向に動くプログラムが多く、中級レベル以上では、斜め方向、回転、腕と足が違った動き、上下のジャンプをしながら回旋など、多彩な要素が盛り込まれます。上級レベルでは、これらに加えてハードな筋力トレーニングの要素などが加わります。

⑤誰でも一緒にできる運動

健常であれば、広範囲にわたる年齢層が、同一のプログラムに参加することが可能です。この意味では、非常に広範的な運動ともいえます。

⑥個人差や動きの差が大きい

マシントレーニングのように負荷設定が明確ではないので、大きく速く動けば運動量も多く、小さくゆっくりと動けば運動量は少なくなります。つまり、運動量は個人の動き・身体の使い方などに左右されがちです。参加時は、太もも、胸周り、おなか周りなど、大きな筋肉を積極的に動かすような意識で行いましょう。初心者は手足がバラバラになりやすいですが、その場合は、最も血流頻度の高い大腿部を中心に動かし続けるとよいでしょう。

⑦レベルの差、他人の動きに惑わされるときも

エアロビクスに何度も参加している方とそうでない方とでは、動きに大きな差が出ます。それは当然のことなので、他者に惑わされることなく、自分の動きに集中しましょう。途中で抜け出す、動きを完全に止めてしまう、などがないようにしたいものです。

一度プログラムに参加したら、ひとまず最後まで粘り強く実践をしてみましょう。エアロビクスは心臓の粘り強さに加え、自身の精神的な粘り強さも試されるもの。インストラクターの指示や声が聞こえなければきちんと申し出てください。せっかくのお金と時間を費やして参加しているのですから、自分にとって有意義な時間にしましょう。

# 3-2　水中トレーニングの科学

水泳などの水中トレーニングは、全身をくまなくトレーニングできるのが特徴です。さらには浮力を利用した身体にやさしい運動であるため、高齢の方や腰痛持ちの方にも適した運動といえます。

水中トレーニングには、水泳のほか、水中ウォーキング、アクアビクス（水中でのエアロビクス）があります。いずれも、設備の整ったジムならば、実施することができます。

## 水中トレーニングのメリット

水中トレーニングのメリットを考えてみましょう。

まず、全身の筋肉をくまなく鍛えることができる、ということがあげられます。ウォーキングやランニングも全身運動ですが、泳ぐ場合は身体を「水に浮かせる」という、最大の特徴があります。重力に逆らった運動なので、特定の筋群だけが強化されるということはありません。

また、水中では「浮力」が発生するため、膝や腰の関節にかかる負担は極端に減ります。たとえば陸上では体重60kgの方でも、水の中へ一歩入れば10分の1〜20分の1（泳ぎ方や歩き方で差あり）の負担に軽減されるのです。膝や腰に怪我のある方などには、特に適しています。

水中での動作には水の抵抗があり、また水が体温を奪うので、消費カロリーは必然的に上昇します。なかでも、アクアビクスは、水の強い抵抗力を利用した水中でのエアロビクス運動ですから、エネルギー消費増加率は、陸上のエアロビクスより、必然的に高くなります。メニューにもよりますが、陸上エアロビクスの1・7〜2倍のエネルギーを消費するといわれます。また浮力によって足腰への負担が軽減するので、比較的長い時間の運動継続が可能になります。これは脂肪燃焼に貢献しやすい運動、といえるでしょう。

水中トレーニングのなかでも、水泳は呼吸筋を鍛えるのに適した運動です。また、心臓・肺を含む呼吸循環器系に刺激が与えられるので、持久力が養われることにもつながります。

さらに、皮膚の抵抗力が上がる、という報告もあります。ある実験では、20度前後の冷水をあびると胃腸の働きや肝臓の代謝がさかんになり、細菌などに対する皮膚の抵抗力が強まる、という結果が出ました。血流も促進されます。陸上では、身体の筋肉は重力に対し「垂直姿勢」で活動しています。そのため、大なり小なり緊張やむくみが生じるものです。一方、泳ぐ場合は、水平な姿勢で行うことが大半です。水中トレーニングで、滞った血流を促すことが可能になるのです。

## 水中トレーニングの効果

①大きな運動量

水中トレーニングは、エネルギーを非常に多く使う運動です。特に水泳では、陸上運動の2倍～3倍ものエネルギー消費となるため、効率のよい運動といえるでしょう。水中ウォーキングは水泳には及びませんが、胸までつかりながら歩くことで、水圧による負荷が水泳よりもかかります（体重の約30％）。水圧が全身にかかることで、抵抗に対して歩くという全身の筋力トレーニングにつながるのです。

実際に、水中運動でどのくらいのエネルギーが消費されるかについて、20代前半～30代前半の男女が60分間運動した場合の値を調べた研究があります（18人ずつの平均値を算出）。結果は、陸上での急ぎ足の歩行は男性が約360キロカロリーの消費に対し、水泳のクロールでは、同じ運動時間でその倍近くのエネルギーを消費したことがわかりました。水泳は10分程度で100キロカロリーものエネルギーを消費できるということです。また、水中ウォーキングは、陸上での急ぎ足歩行とほぼ同じでした。

②水泳で腰痛や肩こりが改善

腰や膝に負担がかからない水泳は、腰痛や肩こり改善には最適です。腰痛の人は背泳ぎが、肩こりには4泳法どの泳法でも効果があります。膝に若干ダメージがある方は、左右交互に太ももの筋肉を使うクロールや背泳ぎなどで筋力増強効果が狙えます。太ももの筋肉は、膝を支えるクッションの役割を担います。

③α波でストレス解消にも

水中運動ではリラックスした状態を示す脳波のα波が、陸上運動よりも大きく出現するというデータがあります。運動中は交感神経が刺激されることが多いのですが、リラックスした心地良い状態で適度な運動を行う、という点では、水中トレーニングがストレス解消に役立つかもしれません。

## キックのポイント

4泳法の中でもクロールはよく普及している泳ぎのひとつで、特に基礎的な泳ぎの要素をすべて含んでいるといわれています。初心者として水泳を快適に実践するには、すべての基礎となるこのクロールをマスターすることが大切です。

まずは、バイオメカニクス的な視点を交えたキックのポイントをあげます。

・足首：「ぶらぶら」した状態を保ちましょう。伸びきったり曲がったりすると、水の抵抗を強くしてしまいます。「ぶらぶら」した状態が、泳ぎの速さと、疲れの少ない快適な泳ぎを助けま

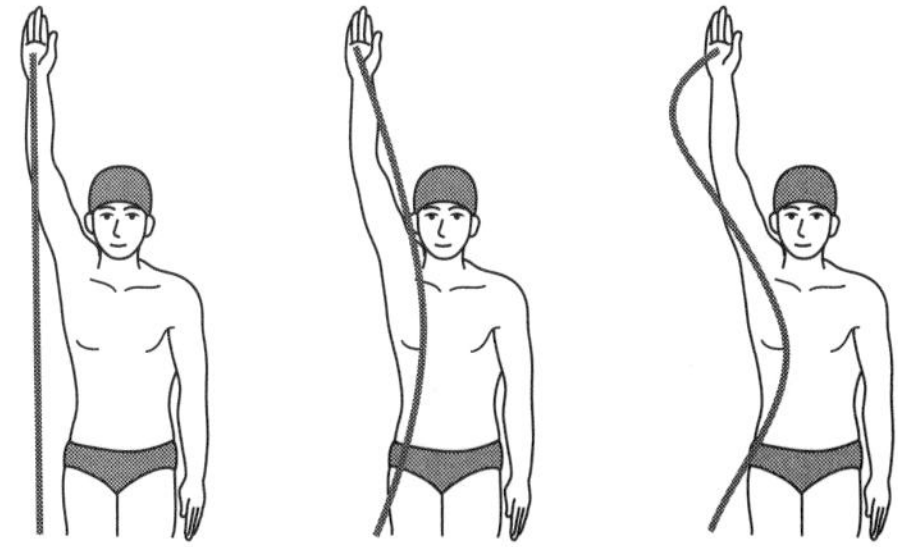


**図3-03　3種類のプル**

す。

・膝：自然と、ゆるやかに曲がるのが理想的です。膝を強く曲げたりしないように。練習を重ねて太ももだけが痛くなる場合は、この「膝だけキック」をしている可能性があります。

・太もも：膝ではなく、股関節からゆれるようにして、太ももでキックを行います。練習を重ねて、おしりが筋肉痛になるようであれば、キックがこの部位で行われている証拠です。

・腰、腹筋力：意外と忘れがちなのが、腹筋の使い方です。腰と腹部に力を込めて水を蹴ります。「腰の入った」キックを意識して、「へっぴり腰」にならないようにします。

## プルのバイオメカニクス

キックの次にクロール上達の鍵を握るプルですが、これは手の掻きのことをいいます。3種類ありますが（図3－03）、人それぞれ好みと考えることもできます。ただ、効率よく快適な泳ぎを目指すのであれば、ストレート→C字→S字と段階的に

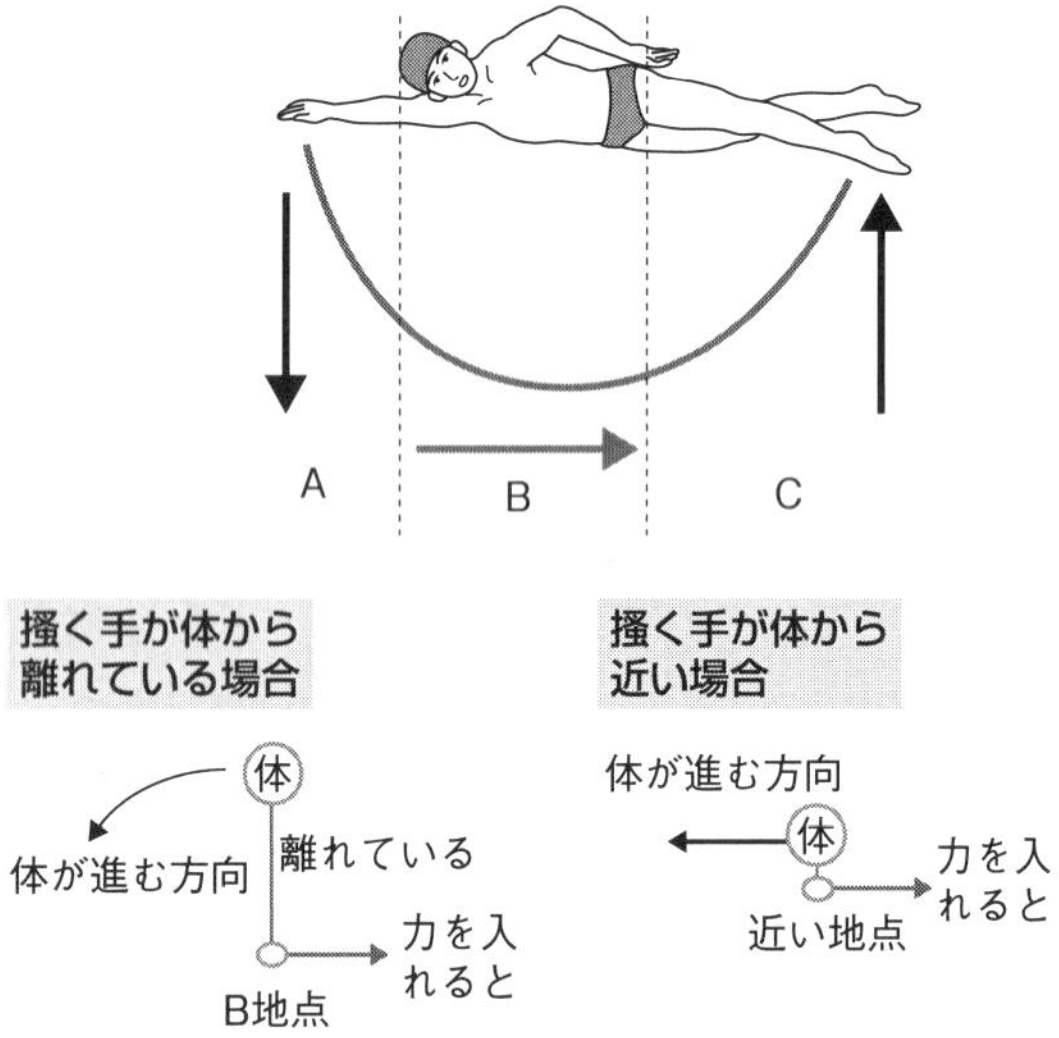


図3-04　ストレートプルのバイオメカニクス

進んでいくのがよいでしょう。

水を搔く、という動作は、手首に非常に強い抵抗がかかります。初心者は、まずは自分の手首を強化するつもりで、無理のない練習をしましょう。ここで、プルの基本的なバイオメカニクスを簡単に解説します。

・ストレートプル（図3－04）：指・肘・腕をまっすぐに伸ばした、肩の運動が主役の動きです。昔の船の動力である回転パドルに近いイメージです。図3－04をみてみると、まっすぐに搔いた場合、手のひらの向きは、A地点では下に、C地点では上に向かっています。これは、水を下・上へ押しているだけなので、結果的にこの2地点

**図3-05　キャッチからリカバリー**

では前に進まず、B地点でしか前に進む力が生まれません。しかしこのB地点でも、身体から離れている場所を搔くため、素直に前に進む力が生じません。よって、B地点で一生懸命搔いても、実際に搔いている力よりも少ない推進力しか得られないことになります。このスタイルは、あくまでも水を初めて搔く、搔きに慣れる、ということで初心者が主に行うものです。

・S字プル（図3－05）：ストレートプルで搔きの感じを学んだら、身体の近くを搔くC字プルを学び、さらにS字プルへとチャレンジしましょう。まず意識することは、手のひらは常に足のほうへ向ける、というポイントです。手のひらをあちこちへ動かすと、進む力も同じくあちこちへと変わり、泳ぎにムダがでます。イメージとしては、文字通りS字を描くようにします。

まず水を人差し指でとらえ（キャッチ）、手を水に入れ（エントリー）、水を引き、そして押し（プルからプッシュ）、水から手を抜いて元の位置へ戻す（リカバリー）という流れで進めます。キャッチの際は、

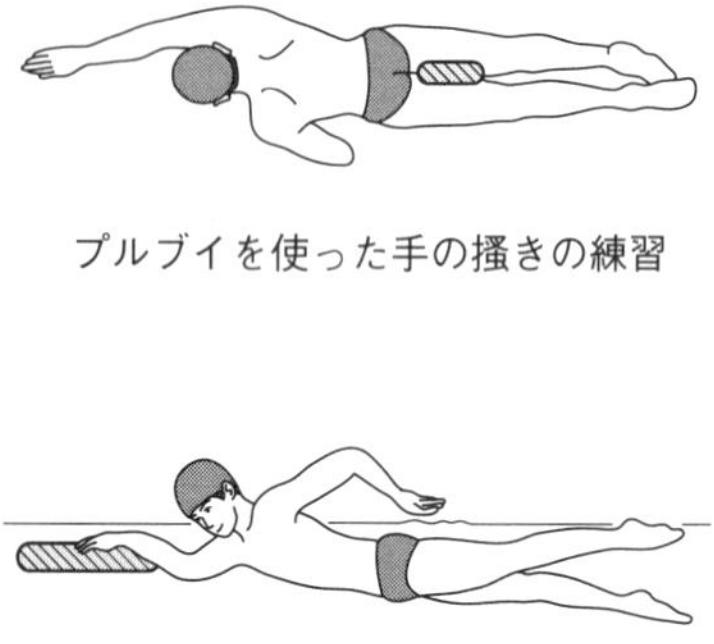
ビート板を使った手の掻きの練習

**図3-06　プルブイやビート板での練習**

まっすぐ腕を伸ばすことを心がけましょう。プルの場合は肘を高く上げ、できるだけ軌道は身体の近くを通るように、強く意識します。

## ストロークとキックのコンビネーション

たとえば左手のストロークのフィニッシュ時に、同じ側の左足のキックを打つようにすると、キックと手の掻きが同時にうまく行えます。これらがタイミングよく合うと、推進力が上がっていきます。ジムのプールには、プルブイ（足にはさんで使う浮き具）やビート板などが用意されていますので、それらを利用し、ストロークやキックを交互に練習していきましょう（図3－06）。

ジムでは、「○○泳ぎをうまくなろう」というようなクラスが設けられています。参加して、インストラクターの指示を仰ぎながら自身の泳ぎを確立していくのもよいでしょう。

## 水中ウォーキング、アクアビクスのポイント

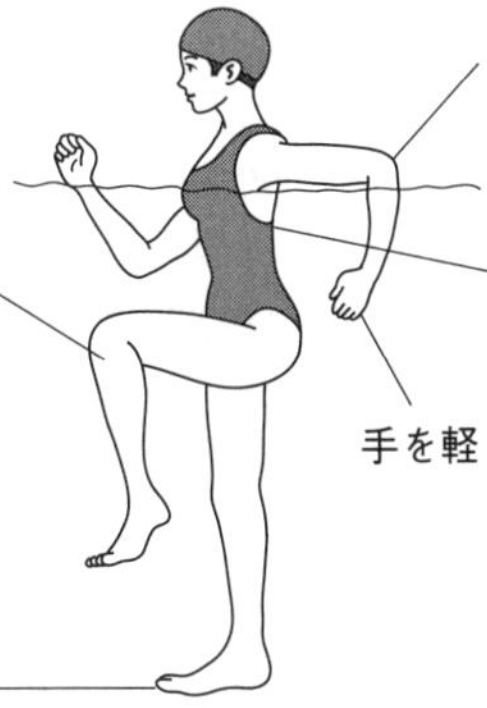


**図3-07　水中ウォーキング時のポイント**

水中ウォーキングやアクアビクスで運動効果を得るには、いくつかのポイントを押さえる必要があります（図3−07）。

・足裏全体をプール底につけ、踏みしめるように歩く。
・膝を強く曲げ、太ももを高くあげる。
・肘も曲げながら前後に大きくふる。手を軽く握って。
・背筋をまっすぐ伸ばして。このときに腰が反りすぎないよう注意。

アクアビクスでは、手や足がさまざまな方向に動くプログラムが用意されているので、ついつい動きに気をとられ、足裏をプール底から離してしまうことがあります。下半身でしっかりと踏みしめるよう、心がけましょう。

第6章6−6にいくつかの水中ウォーキング法を示しました。

## プールの選び方

スポーツジムのプール設備は、ジムによってかなり差があります。そこで、これからプールのある施設を探すにあたり、いくつかの条件をあげてみました。ただし、すべて満たしている必要はありません。

・プールの温度が常に25～30度（年齢が高い場合、血圧にも影響する）を保っている。
・プールの水深が1m20㎝前後ある（浮力や水圧が適度にある）。
・衛生面の管理が行き届いている（不衛生なところは極力避ける）。
・水中ウォーキングやアクアビクスなどのクラスも行われている（さまざまなプログラムに対応していると、その日の体調や気分の波にも適応できる）。
・更衣室が広くて清潔（スムーズな着替えは泳ぎなどにも影響）。
・自分と同年代の利用者が少なからずいる（励みにもなる）。
・サウナやジャグジーなどが広い（帰りにも心地よい状態で）。
・レンタルできるサービスがあると便利（忘れ物をしても安心）。

## 3-3　ヨガ&ピラティスの効果

### インナーマッスルに「効く」

ヨガとピラティスは、トップアスリートにも推奨され、多くのジムでプログラムが導入され、高い人気があります。

両者には、目的や呼吸法など、それぞれに違いがあります。東洋のヨガ、西洋のピラティスといわれるように歴史も発祥も異なりますし、種類も多岐にわたります。しかし、身体の芯の部分をつかさどるインナーマッスルを集中的に鍛え、姿勢や身体バランスの維持・強化を狙い、身体の軸を整え、連結する手や脚の動きまでしなやかにするという点では、共通項があります。

ここでインナーマッスルについて説明しておきます。インナーマッスルとは、身体の深層部にある細く小さい筋肉のことを指し、持久力もある筋肉です。また姿勢制御に関わる筋肉なので、鍛えるほど姿勢がよくなり、スタイルにも影響を与えます。腸腰筋などは、耳にしたことがあるかもしれません。怪我もしにくい筋肉ゆえ、少々強度が上がっても身体を痛めるというよりはむしろ強化されていきます。どのような運動なのか、順を追ってみていきましょう。

### ヨガ、ピラティスの歴史

まずヨガですが、発祥はインド。起源は4000年から5000年前まで遡ります。この長い歴史の中、多くのヨガ行者が自らの身体を通して研究を重ね、その成果を次世代へと引き継ぎ、発展。こうした引き継ぎを繰り返すうち、ヨガの経典といわれる「ヨガ・スートラ」というものが完成しました。

現在我々がエクササイズとして接しているのは、主に身体全体を動かすための「ハタヨガ」と、呼吸法に中心をおいた瞑想主体の「ラジャヨガ」です。ハタヨガは、さらに多くの種類に分かれ、有名なところでは解剖学などをもとにした、科学的アプローチのアイアンガー・ヨガ、アクティブな要素を取り入れたアシュタンガ・ヨガ、室温40度、湿度55%で行われるハードなビクラム・ヨガなどです。ほかにも流派によって非常に多くの「ヨガ運動」が存在しています。

次にピラティスですが、これは1920年代にドイツ人看護師ジョセフ・ピラティス氏が開発した、第一次世界大戦の負傷兵のための、リハビリテーション用プログラムのことを指しています。もともとはジョセフ自身の虚弱体質を克服するために、自ら考案した運動だったことから、彼の名前が運動名になりました。呼吸法を活用し、ゆるやかにインナーマッスルを鍛え、怪我部位や機能が衰えた部分にこのトレーニング法を用いることで、筋肉の「使い方」を復活させながら解決を試みよう、という運動です。

実際に、故障しにくい身体になる、姿勢維持の軸が強化される、などの効能があるようなので、スポーツ選手が近年、積極的に取り入れる傾向にあるのもわかります。また、心拍数を上昇させるようなハードな全身運動ではなく、無理のない形で行われるため、年配の方や身体を動かす時間のない中高年の方にも適した運動です。

### ヨガとピラティスの違い

主にどのような特徴が両者の運動にはあるのでしょう？　それぞれの狙いなどをみてみましょう。

①目的
・ヨガ：独特な呼吸法と動きによって余分な身体の緊張をほぐし、心身のバランスを整えていく。
・ピラティス：身体の深層部を鍛え、怪我をしにくい、調和のとれた身体づくりを目指す。
②運動の重点
・ヨガ：ストレッチング主体、身体ほぐしの実践。「呼吸法」で集中力を養う。

・ピラティス：ストレッチング運動とともに骨矯正をしながら、身体の「使い方」を覚える。
③呼吸法による脳への働きかけ
・ヨガ：腹式呼吸をメインとし、副交感神経を大きく刺激してリラックスをもたらす。
・ピラティス：胸式呼吸をメインとし、交感神経を大きく刺激して頭をすっきりさせる。
④両者共通のメリット
・インナーマッスルが鍛えられ、体幹部分（胴体）がしなやかに動くようになる。
・筋力バランスが左右前後整う。
・脂肪燃焼が生じやすい太りにくい身体へ変化する。
・歪みが整うのでプロポーションの向上へとつながる。
・骨や筋肉が効率よく動員されるので柔軟性が全体的に高まる。
⑤ヨガのメリット
繰り返しの実践で柔軟性が身につき、こりがほぐれる。呼吸法による集中力アップから、精神の安定につながる。
⑥ピラティスのメリット
身体の軸が整い、日常生活での動作の向上やスポーツスキルの向上にもつながる。怪我をしにくい身体が形成される。姿勢がよくなり、代謝もあがるので脂肪が燃えやすくなる。

## 科学的分析がほとんどない

さて、ここまで「効果」を書いてきたのですが、じつは、ヨガやピラティスを客観的に分析し、科学的にアプローチした文献は、残念ながら今のところ丁寧なものが見当たりません。インナーマッスルの代謝が上がった、この筋の動員数が増加した、などを調べるには、非常に困難な実験が必要になるからです。深層部の筋肉ゆえに、測定がなかなかできないのが実情でもあります。

ヨガに関してはネパール、イタリア、インドからの文献が多いのですが、腰痛の改善に一役かった、ヨガの歴史をさらにさぐる、ヨガ流派の違いによるセルフイメージの違い、など科学的な文献とは言い難いものが多数です。ただ、実践前後の柔軟性向上結果や怪我をしにくくなった、転倒防止に役立ったなどのいわゆる事例報告はあるので、これは興味深いところです。とはいえ、それが本当にヨガの「直接的実践結果」なのかどうか？　がほとんど示されていないため、科学的な分析結果とは程遠いところにあります。難しい分野ではありますが、脳波や体幹部の温度変化、筋電図データ解析など、明らかな研究成果が今後みられることを期待したいものです。

第6章6－7に、ヨガ、ピラティスの実践例を載せています。

# 3-4 スロー&クイックトレーニングの科学

## 手軽に始められるスロートレーニング

スロートレーニングとは、文字通り「ゆっくりとした動作」で運動をすることです。スローでトレーニングをすると、筋肉を緊張させ続けることになります。そして持続していくと、全身に酸素を運ぶ血流が自然と制限されていきます。

ゆっくりとスクワットを行うと、「じわじわ」と筋肉に痛みが響く感じを受けたことがありませんか? これは筋肉への酸素供給が不足し、酸素が少ない状況で動く「速筋」が運動に使用されているからです。こうした動きは、激しい運動をしたときと同じくらいに、乳酸をためることができます。乳酸は成長ホルモン分泌を促します。さらに、ホルモンは体脂肪を分解し、脂肪減少を促進しながら代謝を活発にする働きをもちます。

筋肉はたまった乳酸濃度を下げるため、周囲の水分を吸収し、張りの状態=パンプアップという状態に変化します。これは筋肉を大きく強くさせるのに有効な化学的ストレスといわれています。これが、スロートレーニングのメカニズムといえます。スロートレーニングの魅力は、こうしたトレーニングを、「実践者自身の体重のみ」で達成できることです。身体を動かしていない状態から運動をスタートする方には、適した運動といえます。

## 素早い動作のクイックトレーニング

クイックトレーニングとは、これまた文字通り、「速い」動作での運動をさします。先ほどのスローとは反対に、いかに素早く切り返し動作を瞬間的に行えるか、が重要ポイントです。一瞬で爆発的な力発揮をするような、しゃがみ姿勢からの飛び上がりなどを行います。「より高く、速く、強く」が目的なので、いわゆる「全力トレーニング」です。スローが化学的ストレスだったのに対し、クイックでは、筋肉へ微細な損傷をあえて起こさせるメカニズムなので「物理的ストレス」を与えているといえます。

ゆっくりした動作と素早い動作でスクワットするときとをくらべてみると、発揮される筋力は当然「素早いスクワット」のほうが大きくなります。一気に立ち上がろうとする分、同じ負荷でもより多くの筋力が発揮されるからです。

このトレーニングも自分の体重で行うことができるので、手軽にスタートはできます。しかし、物理的ストレスを高めるという、少し危険を伴う運動です。切り返し動作を素早く強くし、その加速度をいかに高めるか、を狙うため、身体への負担は大きくなります。不用意に行えば、大怪我にもつながることに。体重が若干重たい方や、トレーニングが久しぶりの方は、身体を徐々に馴らしてから始めたいものです。

## クイック→スローで強くしなやかな身体へ

スロートレーニングとクイックトレーニングの組み合わせ方法としては、「クイック→スロー」の順で行うとよいでしょう。筋肉が疲労していないときに、強い力の発揮で筋肉へダメージをあえて与え、次にスローで血流制限を起こし、速筋を動かし、パンプアップさせるという考え方です。スローを最後に行うことで、化学的ストレスを与え続けて乳酸を産出、成長ホルモン分泌を促しながら筋肉を追い込み、より大きく強い筋肉へと仕上げるという方法論です。これにより、体脂肪の燃焼効率もより高くなることでしょう。順序が逆になってしまうと、乳酸がたまった状態からクイック動作、になってしまうので、筋肉にがんばりがきかず、十分な筋力トレーニングはできなくなってしまいます。

ただし、このとき必ずウォーミングアップを実践しましょう。怪我を予防するためには筋肉の温度を高めておくことが大切です。

第6章6-8に具体的な実践方法を示しました。

# 第4章　運動継続を失敗しないために

# 4-1　運動のリスク

## 運動継続の効果・中止のリスク

運動を継続することで得られる効果、これは第1章・第2章でもお話ししましたが、さまざまな実験結果から多くの「プラス効果」が報告されています。

では反対に、継続していた運動を中止してしまうとどうなるのでしょう? 残念なことにプラス効果がほぼゼロに。しばらくすると、人によっては1週間くらいで運動前の身体へ逆戻りします。

あるアメリカの調査報告集では、運動を習慣的に行っていた人が突然中止してしまうと、心停止になるリスクが3～6倍にも跳ね上がるという結果を示しました（Heart Rhythm Society, 2005ほか数種の論文より）。これは男女にかかわらず、多くの年代にあてはまります。また、体重の増加が著しくみられるケースも3割近くあるのです。これは急激な運動停止による、ホルモンバランスの変化や、筋力の低下による基礎代謝の急低下、などが原因です。せっかく始めたジム運動ですから、ぜひ継続を。

## 怪我の応急処置法を知る～RICE療法～

運動時の怪我に対する応急処置の知識と技術は、簡易的でも身につけておくと「いざ！」というとき、大いに役立ちます。特に運動習慣が生活の一部となり、かつ高強度レベルの運動実践者ほど、怪我をしやすいものです。長年現場でみつめてきた目線からは、このあたりを強く感じています。

ここでRICE療法について簡単にご紹介しましょう。RICEとはRest（安静に）、Icing（冷却する）、Compression（圧迫する）、Elevation（挙上）の頭文字をとったもので、スポーツ・運動全般において共通する、4つの応急処置方法を指します。

マラソン中に突然太ももが肉離れした、ウォーキング中に捻挫した、長時間運動でアキレス腱を断裂してしまった、テニスや野球などで突き指をした、など、運動・スポーツ障害はいつ何時生じるか予測がつきません。RICE療法は、こういった運動における怪我や障害へ、即座に対応するための指針となります。

「R」：Rest（安静に）

↓怪我した際には、まずはこれを。とにかく安静に。むやみに動かさない。

「I」：Icing（冷却する）
↓一部の怪我をのぞき、怪我の部位と周囲を冷却する。鎮痛効果が大きい。
「C」：Compression（圧迫する）
↓怪我患部の腫れを防ぐため、捻挫・腱断裂などは圧迫処置が急務に。
「E」：Elevation（挙上）
↓腫れ上がった患部は、主として心臓よりも高い位置で固定を。

これらを行う上でも、「氷（なければアイシング用の瞬間冷却スプレー）、ビニール袋、タオル、包帯」などを常備しておくと、患部に負担をかけることなく病院へ向かえます。そのまま放置すると怪我は悪化することに。ジムでは、このような応急措置用品が準備されていますが、週末に外でスポーツを楽しむといった方々は、あらかじめ用意しておくとよいでしょう。

ただし、例外もあります。水中でのこむらがえり（足がつる）、これは要注意。このダメージは、冷たい水や急激な運動により、突然痙攣が生じた状態です。ここでＲＩＣＥ療法の「Icing＝冷却」は不可。こむらがえりは筋肉が痙攣している状態なので、十分に患部を伸ばす＝ストレッチングを実践しましょう。最も多い事例は、水泳中やアクアエクササイズ中の「ふくらはぎ痙攣」です。水中ということであわてる方も多いのです。できるだけ冷静に対処を。インストラクターに声をかけて、プールの端に寄りましょう。つま先を手前に引きつつ、ふくらはぎをゆっくりと伸ばすストレッチをします。痛みや硬直が治まらない場合は医師の診察をすみやかに受けてください。

## ４－２　用具の購入のポイント

### 靴の選定

日常歩いている靴で長時間の運動をしたら、足が痛くなった……そんな経験はありませんか？靴はどれでも同じだろう、と考えるのは正しくありません。靴の選択ひとつで、運動効果は大きく変わるのです。ここでは靴選びのポイントをみてみましょう（図４－01）。特にジムで強度の高いランニングやマラソンをされている方は、今一度、靴の点検を。多少高くついても、後々の怪我の治療費のことを考えれば安いものです。

①購入時間は夕方がベター

朝よりも夕方に。運動による足の疲労感を考慮して、「若干疲れた足」にフィットするような靴を選びます。運動実践時は、足へ集中的に負担をかけていることが多く、下腿部や足先全体がむくみやすくなります。そういう状態を考慮して、足の疲れが生じている、夕方に購入することをお勧めします。

②つま先に5〜10㎜くらいの余裕をみる
指先が完全に詰まってしまうと、足指が曲がって変形する「ハンマートゥ」という障害の原因にもなるので、注意します。

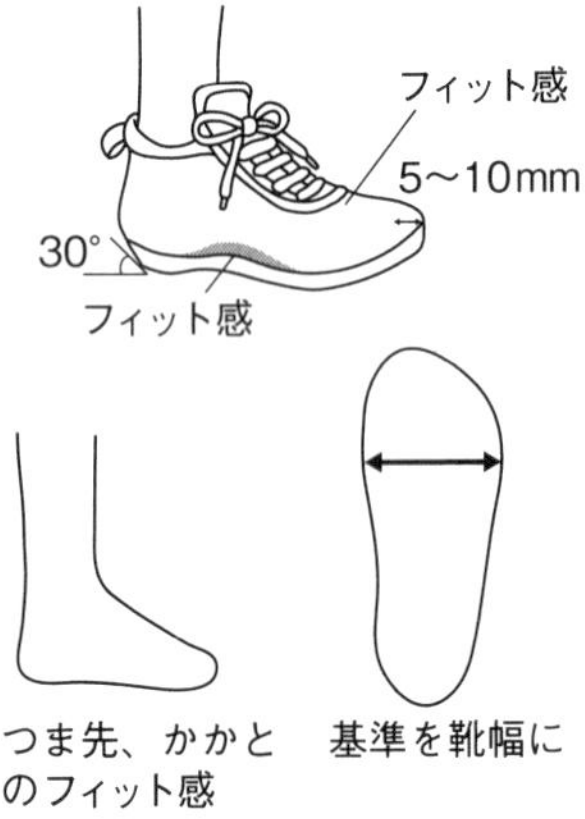


**図4-01　靴選びのポイント**

③靴幅・つま先・かかとのフィット感を大切に
まずは基準を靴幅に合わせて。前後が合わない場合は中敷きなどのオーダーを。

④足の甲のフィット感も
圧迫感を感じないか？　かかとが靴から浮かないか？　をチェックします。

⑤土踏まずのフィット感も
後ろ足で蹴る際、つま先が残り、かかとが持ち上がるのがウォーキングやランニングの仕組みです。かかとをきちんと支えてくれる靴かどうかを確かめます。

⑥お店の中を歩くこと

実際に履いて、履き心地を確かめなければ買う意味なし！　ここは特に大切なので、どうか恥ずかしがらず、両足とも履いて靴ひもを結び、遠慮なく、歩かせてもらいましょう。

⑦クッション性は？

弾力性に欠けると、長時間の歩きやランニングは困難になります。地面から約30度の隙間があると理想的です。

## スポーツウェア・水着の選定

Tシャツに短パンでウォーキング、という方も多いことでしょう。それでも構いませんが、汗の吸収効果が高い、機能的なスポーツウェアにすると、なお快適です。

ジム内は温度調節が適切に行われている場合が多いですから、年中同じ格好でも問題はありません。ただ、どの季節においても、汗をかいた後は身体が冷えやすいので、上着を用意しておくなどの工夫は必要です。また、長時間運動実践される方は、綿素材などの汗吸収率の高い服や、発散性にすぐれたものなどを着用するとよいでしょう。

最近ではぴったりした素材が流行ですが、汗の吸収がいまいちなものもあります。身体の冷えにくいもの、動きに支障がでないもの、などを考慮に入れながら、自分に合うウェアを、よく吟味してみてください。

水着に関しては、さまざまなメーカーがこぞって新素材水着を出しています。世界レベルではなくても、競技レベルの水泳を実践したい、という方はこのような「一秒を争うタイムに貢献する素材」にこだわることも、時には必要ですね。でも、一般の方は、そこまでこだわらないでしょうから、以下の基本的選択要素を考慮してください。

①速乾性があるか
冬場は特に。また、ジムでは前後にほかの運動をする可能性もあるため。

②着やすいものか
脱ぎ着がしにくいものは、不便。

③保温性があるか
水泳や水中エクササイズに支障がなく、身体にやさしいか。

④塩素に強いものか
使用頻度の高い場合、塩素に強くないとすぐに伸びてしまう。

最近では体型やその季節の状況などに合わせた水着も多くみられます。また、ショップによっては「競技水泳用」「一般水泳用」「水中ウォーキング用」「アクアエクササイズ用」などとコーナーを分けているところもあります。機能性もよく吟味しながら選択しましょう。

## 4-3　栄養補給とサプリメント

### 栄養補給のタイミング

運動終了後は、速やかな栄養補給が必要です。しかし、ジム内で果物をガブリとかじるわけにもいきません。よって栄養ドリンクやサプリメントはとてもありがたい存在です。ただ、サプリメントさえとっていれば安心だ、という声がまだジムの中から聞こえてきます。サプリメントはあくまで補助食品であることを忘れずに。これが主食になっては本末転倒です。

①運動前は軽く糖質摂取を

これから運動をしよう、というときは、筋肉や肝臓に糖質が、それぞれグリコーゲンとして蓄えられている必要があります。ただ、たいていの場合は、三度の食事で十分量を摂取していますので、一般の方がジムで軽く運動をしよう、などという場合には、そう心配はいりません。いっぽう、運動強度の高いランニング、高強度のエアロビクス、90分間以上にわたるスポーツ種目を一日中実践、などの場合は、おにぎりやバナナなどの糖質をあらかじめ用意します。ジムで高強度の運動を実践するときは、食事に加え、消化吸収のよいエネルギー食品やサプリメントで糖質補給しましょう。

②運動後は「デキストリン（糖質）」を含むエネルギードリンクを

運動後には水分補給が必要です。このとき、「デキストリン」が含まれているものを摂取します。「デキストリン」とは、ブドウ糖や砂糖よりも分子の数が少なく、溶液の浸透圧が低く抑えられ、かつ胃から腸への移行を早めるものです。これは吸収が早いので、身体へあまり負担をかけずに、栄養補給が可能になります。

③翌日に疲れを残さないためのアミノ酸摂取を

ジム運動をすると、疲れが翌日にも残りがち。これは、筋肉のたんぱく質が分解され、エネルギー源として使われてしまうからです。この筋肉破壊は運動後の疲労感を強く残します。これを軽減するために、筋肉において代謝される必須アミノ酸を、運動前後に軽く摂取しておきましょう。翌日以降、疲労を軽減させます。

また、抗酸化物質（ビタミンC・ビタミンE・ポリフェノールなど）が、筋肉の疲れを癒す有効な栄養素であることも、これまで多数の研究報告で明らかになっています。これらが総合的に含まれるようなスポーツドリンク・栄養補助食品などを運動前後にとっておくと、筋力トレーニング後、筋肉の回復がすみやかに行われます。

④サプリメントは医薬品？　食品？

サプリメントのうち、用法や用量が記載されていれば「医薬品」です。「食品」の場合は効果・効能・用法・用量が記載できないことになっています。そのため、食品はラベルなどに「おいしい飲み方」「おすすめの摂取法」などとして記載されています。

では、医薬品と食品の間に、どの程度の差があるのでしょうか？　これについては、どちらもその栄養素が製造されたまま保存されていれば、それぞれ含有量に見合った効果はあると思われます。よって、栄養補給として摂取するサプリメントが、「医薬品」であっても「食品」であっても、こだわりすぎる必要はないように思われます。

## 4-4　仲間づくり

### スポーツジム仲間づくりのススメ

第1章1-7で、継続のポイントのひとつにジム内で知人をつくる、仲間をつくる、を挙げました。職場や仕事場以外で友人ができるということ、これはとても貴重なことではないか、と筆者は感じております。

筆者が、とある大手のスポーツジムでトレーナーをしていたときのこと。休日だけ水泳に通ってくる数名の方々が、「いつもいらしていますね」という会話から始まり、（競技レベルに近い）水泳同好会が誕生。そして何年もの間、多くのメンバーがそのジムに通ってきてくださいました。「大変有意義」「無理のない人間関係」「組織じゃない和やかな雰囲気」「好きな水泳という共通項からほかの趣味の世界まで広がった」……と、たくさんのコメントが返ってきました。クラブとしてすでに存在するところに、後から加わるのは勇気がいるものです（大人ほど下手なプライドも手伝うため）が、しばらくすると、同じスポーツや運動をしている、ということで打ち解けてくるようです。

何よりこういった仲間ができると、運動が「長続き」します。筆者がこの目でみてきた、多くの方の運動に対する取り組みは、仲間がいるのといないのとでは大違いです。もちろん嫌になったらやめてもよいので、そこは自由な関係です。一度仲間づくりにトライしてみませんか？　ご自身の世界もきっと広がることでしょう。

## スタッフとのコミュニケーション

ここで興味深い実験報告を。ランニング中の会話は生理学的にどう影響するのか？　というものです。実験の参加者は健康な成人男性30歳前後14名。最大酸素摂取量の65％、75％、85％の運動強度で、トレッドミルの走行を6分間実施しました。そして次の2通りの走りを行いました。
①何も話さずにこの3種類の運動強度で黙々と走行
②トレッドミルの前に貼ってある文章を、そばにいるインストラクターにむかってお話しするように読み上げながら走行

結果ですが、①と②を比較したところ、①で黙々と走りこんだ結果、かえってスムーズな呼吸が妨げられ、酸素の摂取量や呼吸量が減少しました。またそれを補うために無酸素性機構の運動メカニズムが働きだし、疲労度を示す乳酸値も増えてしまいました。しかし、心拍数には大差がないので、心臓に対する負担度はほぼ同等であると考えられています。この結果は、会話をしながらのランニングはただ「楽しい・長続きする」というだけでなく、心臓血管系に負担を強いることなく、かつ呼吸器系統をも鍛えられる可能性がある、ということを示しました。

ジム内のさまざまな運動フォームや、トレーニングメソッドをスタッフに相談するのはもちろんですが、運動中にインストラクターやトレーナーと「会話」しながら行うことは、自身の呼吸器系を強くすることにもつながるということです。となれば、会話も楽しみで自身の身体も鍛えられ……と一石二鳥？ですね。

また、仲間づくりが難しいという場合も、人それぞれ当然あるでしょう。そのときは、インス

トラクターやトレーナーをある種の動機づけに利用してください。「彼のような身体を目指すためにジムへ」、あるいは「あのトレーナーをいつかは超える」、など。また、「かわいいあのインストラクターさんに会いたいから必ず月曜日にはジムへ!?」なども、継続要素のひとつとしてあってもおかしなことではありません（ただし、セクハラにどうかご注意を）。

個人差はあるでしょうが、ジムのスタッフも研修を積んだ仕事人。トレーニングの相談から仕事の愚痴こぼし、はたまたご家庭での悩み？まで、意外とよき話し相手になってくれるかもしれません。

## 4-5 家で行う運動実践

家できちんとトレーニングをするくらいなら最初から実践しています、できないからジムに来ているのです、という声も相当数お聞きしております。多くの場合、家でトレーニングできないというのは、一日のトレーニング計画に「無理」があるからです。

これからご紹介するトレーニングは、およそ3分で終了します。そして継続すると、効果が身体に反映されていきます。牛肉を毎日食べても筋肉は増えませんが、トレーニングを毎日継続す

れば、筋肉を増やすことができます。ジムに行かない日の補強運動として、また、ジムに通う時間（気持ち？）のない方には、せめてこのくらいの運動は、家で行ってみてください。

すべてのレベルが「立ったまま」実践できるので、仰向け姿勢で腹筋運動をして、そのまま寝てしまった、という心配もいりません。

**初級レベル（図４－02）**

①全身の伸びストレッチング＆首ストレッチング運動

両手を万歳の状態にし、全身の伸びを3秒間行ったら脱力。これを1～2回実施。その後首を左右3回ずつゆっくりと回旋。

②腰周り～脚部の強化運動

背筋を伸ばして肩幅よりやや広めに足を開く。両手を腰にあて、ゆっくり左右に5回ずつ回旋。次に足を閉じ、屈伸を（可能な位置までで０Ｋ）3～5回繰り返し。最後に足を大きく開き、つま先と膝を外側へ向け、膝の角度が90度になるまで腰を落とす。ここで3秒間キープしたら膝を伸ばしきらない位置まで3秒で戻すスクワット動作を。これを5～10回繰り返す。

③肩～腰周り運動

壁に両手をつき、床と平行になる位置まで腰を落としていく。腰周りのストレッチを10秒間1

図4-02　ジムに行けない日のトレーニング。初級レベル

セット実施。最後に足を前後にして1回ずつ脚裏側全体を伸ばすストレッチを3～5秒ずつ行う。

ここまでがひとつのセットです。3分あれば終了できます。余裕があれば①～③までを再び繰り返しましょう。これをサーキットトレーニングと呼び、通常のウェイトトレーニングのように、お休みの時間をはさみません。ごくわずかな軽い負荷で、全身が効率的に鍛えられます。簡単にできるのに筋肉には効いている、と感じることでしょう。

## 中・上級レベル（図４－03）

①全身～肩周り・背中周りストレッチング＋強化運動

両手を頭上へ、万歳姿勢に。脚は肩幅よりやや広め。少し背伸びをするように全身の伸びを3秒間。その後一気に息を吐きながら脱力。これを3～5回繰り返し。その後、背伸びをしながら両腕を振り上げ、大きく前後交互に10～20回ずつ回す。その後首を左右に5回ずつ回旋する。

②脚部・腰周り強化運動

両腕を胸の前で組み、足は肩幅くらいに広げ、まっすぐ立つ。1秒間だけつま先立ちになったらすぐに息を吐きつつ3秒間かけて膝を90度に曲げる。膝頭がつま先を越えないよう、おしりを突き出しながら膝を曲げる。これを10～20回繰り返す。

図4-03　ジムに行けない日のトレーニング。中・上級レベル

③腹部・背部・脇腹強化運動

軽く勢いをつけて前屈を。３秒間キープしたら、腰に手を当てながら上半身を起こし、３秒間後ろへ反らす。これを5回繰り返し。その後、足を肩幅に開いて立ち、肩と腰を大きく回し、自然と息が吐き出される範囲までひねったら、３秒間キープを。これを左右10回ずつ繰り返す。

これらもおよそ3分で終了します。呼吸を止めないように気をつけましょう。初級トレーニングを2～3ヵ月続けた方に、お勧めのトレーニングです。慣れたら、①～③を2～3回繰り返しましょう。身体にはかなり「効く」トレーニングになります。

## 通販健康・運動機器の購入前に

さまざまな健康・運動機器が売られている昨今。通信販売で購入されている方も多いと思います。自宅でも手軽に運動をしよう、という人は多いようでニーズも高まっています。年々新商品も出回り、座ったままで乗馬を体験できるようなものから、有名なインストラクターのＤＶＤを見ながら自宅でもしっかり汗をかけるものまで……本当に多種多様な製品が販売されています。

ただ、死蔵品になりやすいのも事実。悲しいかな、購入からわずか3日で倉庫で眠りについた……というお話もよくお聞きしています。購入前には以下の点に注意をし、よく検討してから購入に踏み切りましょう。

①目的に合ったものを

シェイプアップしたいのか／バランス能力を鍛えたいのか／全身でいい汗をかきたいのか／筋力UPしたいのか／座り姿勢・寝たまま姿勢で運動がしたいのか／骨盤周りをすっきりさせたいのか、など、人それぞれ「目的」があると思います。ジムで筋力トレーニングを主に行うのであれば、家ではステッパーや自転車マシンなどを揃えるとトレーニング効果が高まりますね。最初にまずご自身とよく相談をしましょう。

②家のスペースや家族のことも考慮に

家のスペースも考慮し、また家族みんなが楽しく取り組めるものであれば、死蔵品にはなりにくいでしょう。

③値段だけで決めない

通信販売の器具の値段は幅広いものです。たとえば骨盤を整えるボディバランスボードは、手ごろな価格では8000円ほどで購入できますが、高いものですと4万円近くするものも。ただし、値段が高ければ性能も高いとは限りません。

④サポーターや電気機器などはよく説明を聞いてから

トラブルのもとになる製品の代表は、実際に身体に密着させる、あるいは電気をあてたりする健康器具です。「腰痛が治る」と謳っていたのに治らない、といったクレームが販売側に届いていることも。購入前にきちんと問い合わせる、勢いで購入しない、宣伝されていることは本当なのか、マイナス要素はないのか、自身の体質に合うのか、日々の体調管理に必要か、などさまざまな点を確かめながら購入をしてください。

最近は「座ったままで３kg減」や「ラクラク15分で痩せる」などと大げさに表示をすることは少なくなったものの、誇大広告がなくならないのは事実です。ＴＶ・雑誌などを見てすぐに購入せず、ワンクッション置きましょう。購入までに時間と労力をきちんと費やすことが肝心です。そんなことに費やしている時間があれば、ジムに行ったほうがよいのでは？　と考えが変化するかもしれません。

# 第5章　ジム運動のQ&A

この章では、ジムに通う前、あるいは通い始めて感じる運動やスポーツに関する疑問に、Q&A式で答えていきます。

## 質問1 なぜ人は筋肉痛になるのですか?

Q:初めてジムに行き、久しぶりに運動したら、2日後に強烈な筋肉の痛みが襲ってきました。そもそもなぜ筋肉痛は起こるのですか?
A:筋肉の組織が破壊され、再生されるからです。

筋肉痛とは筋細胞の微細な損傷を指します。その要因や様態はいくつかのタイプに分類されます。

まず、過度な運動や、身体にブレーキをかけるような運動の後になりやすいものとして、「遅発性筋肉痛」があります。身体にブレーキをかける運動例をあげると、登山の下り、重たい荷物降ろし、スキー滑走や階段を降りる、などがあります。また、久しぶりに運動したあとも起こりやすいです。

運動後、人の筋細胞内には大なり小なり必ず傷が生じ、筋肉を構成するたんぱく質の集結やその膜が破壊されてしまいます。こうして破壊された部分に炎症反応が現れて浮腫が生じるのですが、この炎症作用と浮腫が遅発性の筋肉痛です。

この際、さまざまな化学物質が炎症反応・浮腫に関わっているので、それを神経が感じ取ると、本人が「痛み」を感じます。ただ、運動の最中に強い痛みがあるというよりは、1～2日遅れてやってくるのが、この痛みの特徴です。

解消法としては、「あえて軽くその損傷部位を動かす」と痛みが軽減するという説がありますす。それを実験した例としては、上腕屈筋群（力こぶができる部分）の伸張性運動（筋肉が引き伸ばされるような運動、肘を伸ばしていく動作）を1回のみ行った場合と、1日おきに3回行い、あえて筋肉痛を生じさせた場合の比較があります。結果は、筋肉痛のある筋群をあえて動かすと、動かしているうちに筋肉痛の程度が軽減し、逆に動かさないと、かえって筋肉痛の程度が長引くというものでした（図5－01）。ただ、これは筋肉痛という損傷が治癒されたのではなく、一時的な運動性の鎮痛作用によるもの、とみられます。痛みが激しい場合は、積極的なトレーニングは避けましょう。

2つめとして、血管内での疲労物質蓄積から生じ、だるさなどを感じさせる筋肉痛がありまます。これは筋肉の張り、こりなどと表現されますが、この場合、血行促進を図るような、むしろ「積極的に」筋肉を動かす運動を繰り返すと、痛みが緩和されます。この際、筋内へのエネルギ

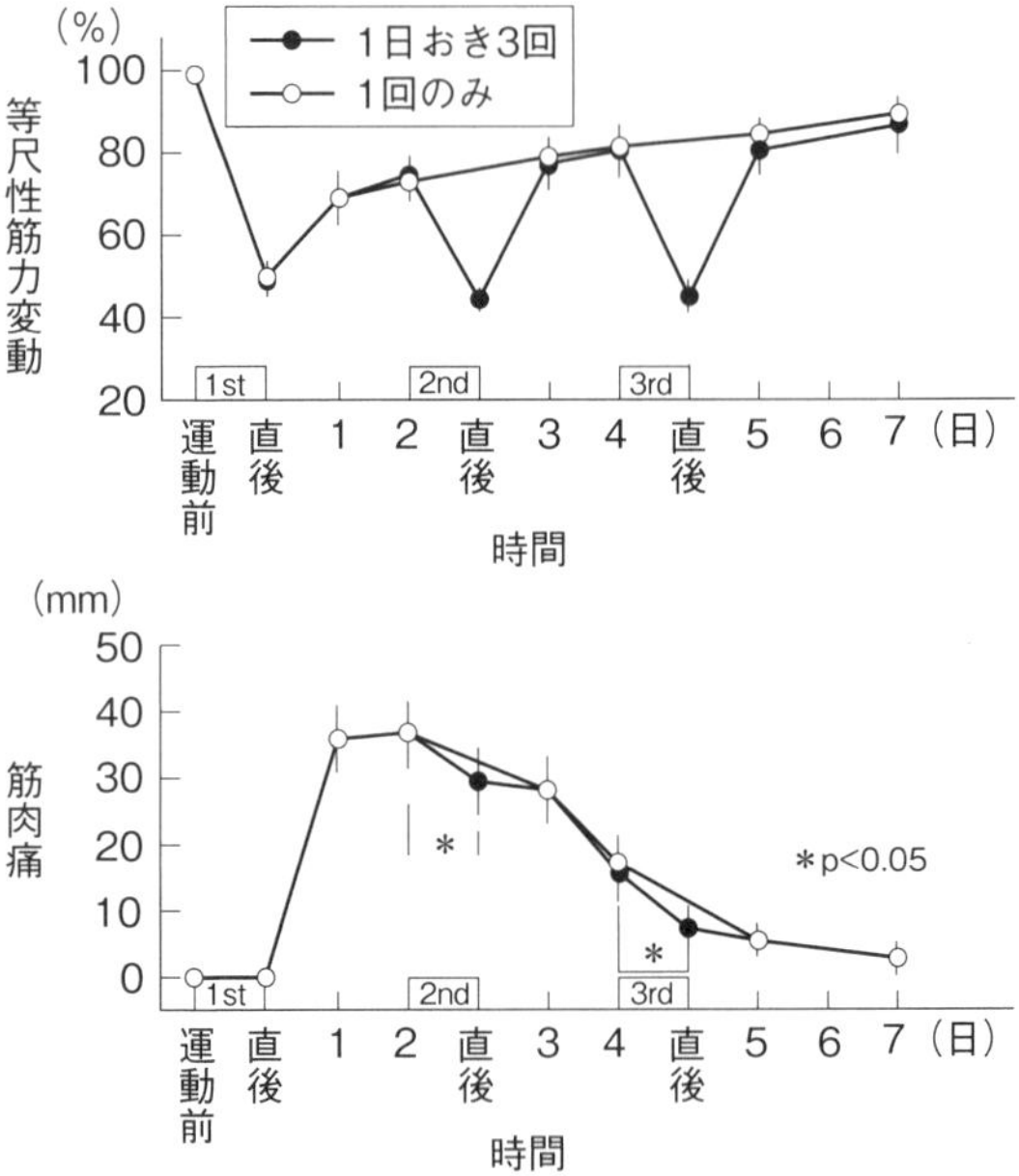


**図5-01　上腕屈筋群の伸張性運動を1回のみ行った場合と1日おきに3回（筋肉痛を生じさせる）行った場合の等尺性筋力変動（上）と筋肉痛（下）の比較**（Nosaka and Newton, Journal of Strength and Conditioning Research, 2002）

ー酸素供給を速やかにするため、低重量で高回数の筋力トレーニングや、有酸素的な運動で血行を促すように心がけます。

3つめは、怪我や挫傷により筋肉や筋膜が大きく断裂をしているタイプの筋肉痛です。これらは怪我の範疇に入るため、処置が必要です。

どの筋肉痛においても、痛みは持続するだけで終了というわけではなく、必ず再生作業があります。ただし筋の損傷部位は「強く壊されてから」作り変えられるという手荒な作業なので、「痛い」と感じてしまいます。このとき、損傷部位よりも広範囲で再生が行われますので、再生作業の繰り返しが、筋肉の「強さ」を構築していくのです。

## 質問2 年をとると筋肉痛が遅れてやってくるのはホントですか？

Q：最近筋肉痛が運動後しばらくしてからやってくるようになりました。これは年齢のせいなのですか？

A：年齢より個人差が大きい可能性が高い。

年齢とともに筋肉痛が遅れてやってくるようになる、という説を信じている方は多いようですが、必ずしも科学的に実証されている話ではありません。むしろ、それを否定する実験結果がありますので紹介しましょう。上腕屈筋群の伸張性運動に伴う筋肉痛の時間経緯を、大学生（18～25歳）、中年代（40～55歳）、高齢（65～75歳）の3群で比較したものです。結果としては、筋肉痛の時間経緯には3群間で大差は認められず、どの群も2日目に痛みのピークが生じました（図5－02）。そして細かなデータからは、中高年代でも、運動1日後、すぐに筋肉痛のピークがき

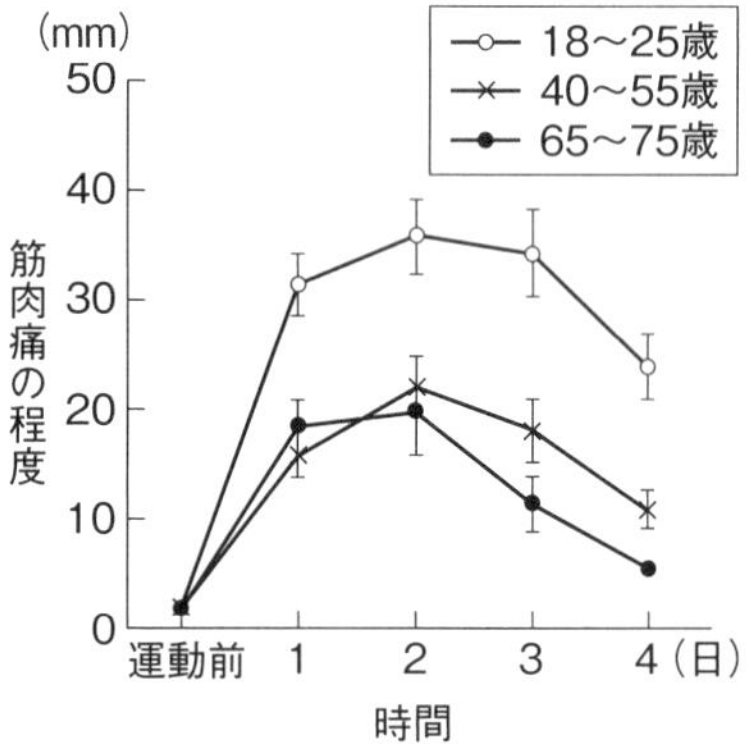


**図5-02　年代別の筋肉痛の時間（日数）経緯（Lavender and Nosaka, Applied Physiology, Nutrition and Metabolism, 2006）**

た方もいました。また逆に、20代でも運動後4日目に筋肉痛の最大値を示した方もいたのです。この実験結果からは、年齢とともに筋肉痛が遅れてやってくるとは認められず、むしろ個人差が大きいのでは、と推察されます。

また、運動内容を変えたことで筋肉痛の発生時期が遅くなってしまった、という可能性もあります。運動の種類や強度を変えると、筋肉痛の発生時期は変わります。「歳を取ったから筋肉痛が遅くなった」のではなく、「運動内容を変えたから筋肉痛が遅くなった」のかもしれません。

ただ、一部の研究者は、年齢とともに痛みを受け止める神経系の感受性が生理学的に低下する現象があると報告しています。また、年齢を重ねると炎症反応が鈍化して炎症進行速度も低下し、これらが筋肉痛の遅れに影響を及ぼすのだ、といった説もあります。年齢と筋肉痛の関係は、もう少し踏み込んだ実験や検討が必要なようです。

## 質問3　運動は激しいほうが効果は大きいのですか？

Q：運動は、激しいほうが効果は大きいのですか？
A：激しい運動の長期化は短命の危険も。

早くトレーニングの効果を出したい、とお考えの方は、激しくきつい運動を自らに課す傾向にあります。しかし、きつい運動は必ずしもプラス効果ばかりではありません。

興味深い研究をひとつご紹介しましょう（大妻女子大・大沢清二ら）。体育学部を持つ国立大学の学生３１１３人（１８７２〜１９８１年）を対象にした追跡調査報告です。卒業生を体育系・文科系・理科系の３つのグループに分類し、彼らの平均寿命を算出しました。その結果、

・体育系：60・６歳
・文科系：66・８歳
・理科系：66・１歳

というものでした。これは、体育学部を卒業した、激しく運動を行っていたグループが他のグル

ープよりも6歳短命だったことを示しています。

昆虫のミツバチやハエなども、仕事量の増加や行動範囲の拡大によって短命になる、といわれていますが、激しい運動の長期間実践が短命につながる理由はあるのでしょうか。

原因のひとつとして活性酸素が考えられます。活性酸素は別名フリーラジカル。酸素分子を構成する電子のひとつとつが遊離してフリーになった、不安定な状態の酸素です。通常、酸素は身体にとっては大切なものですが、このフリーとなった活性酸素は身体の不飽和脂肪酸と結びついて、身体を傷つけて細胞へダメージを与えます。この活性酸素をつくる要因として、タバコや残留農薬、大気汚染、強い紫外線などがありますが、このほかに激しい運動やストレスもあります。

もちろん、少々のストレスを感じたり、タバコを一本吸ったところで、大きなダメージはありません。ところが、身体の処理能力以上に活性酸素が次々とやってきた場合、対処できなくなるのです。その顕著な例として「過度の喫煙と激しい運動」実践が危険である、との報告があります。

運動時、人の呼吸タイミングは通常の生活よりも早くなりますが、この呼吸に伴う消費酸素の一部が活性酸素へ変化します。「呼吸数上昇」と「体温の上昇」、という2つの要因が、活性酸素の発生率を上昇させるのです。さらに活性酸素は発がんやがんの転移にも関係し、生活習慣病（動脈硬化、糖尿病など）のリスクも高めます。せっかくこれらを予防するために始めた運動で、病へと近づくとは皮肉ですね。

ただ、同じ運動を継続していくと、その運動量や種類が物足りなくなり、もっときつい運動をしたくなるものです。その場合、体力の向上とともにバリエーションを豊富にし、3ヵ月くらいでメニュー変更をしてみましょう。

## 質問4　体力とはそもそも何ですか？

Q：体力とはそもそも何をさすのですか？　腕力？　筋力？　持久力？

A：体力とはさまざまな要素から構成されている複合的な表現。

運動科学の観点から示された「体力の構成要素」といわれるものがあります（図5－03）。1969年に運動生理学関連の著書で書かれたものですが、現在も指標として使用されています。これをみると、体力という言葉はさまざまな範囲から捉えられていることがわかります。ご質問のように、筋力も持久力もすべて行動体力の中の「機能」という部分に含まれます。また、精神的な要素も体力に含まれる点も、注目すべきところです。「精神的ストレスに対する抵抗力」は、今まさにストレス社会にとっては大事な体力要素のひとつです。これを高めるためにも、運

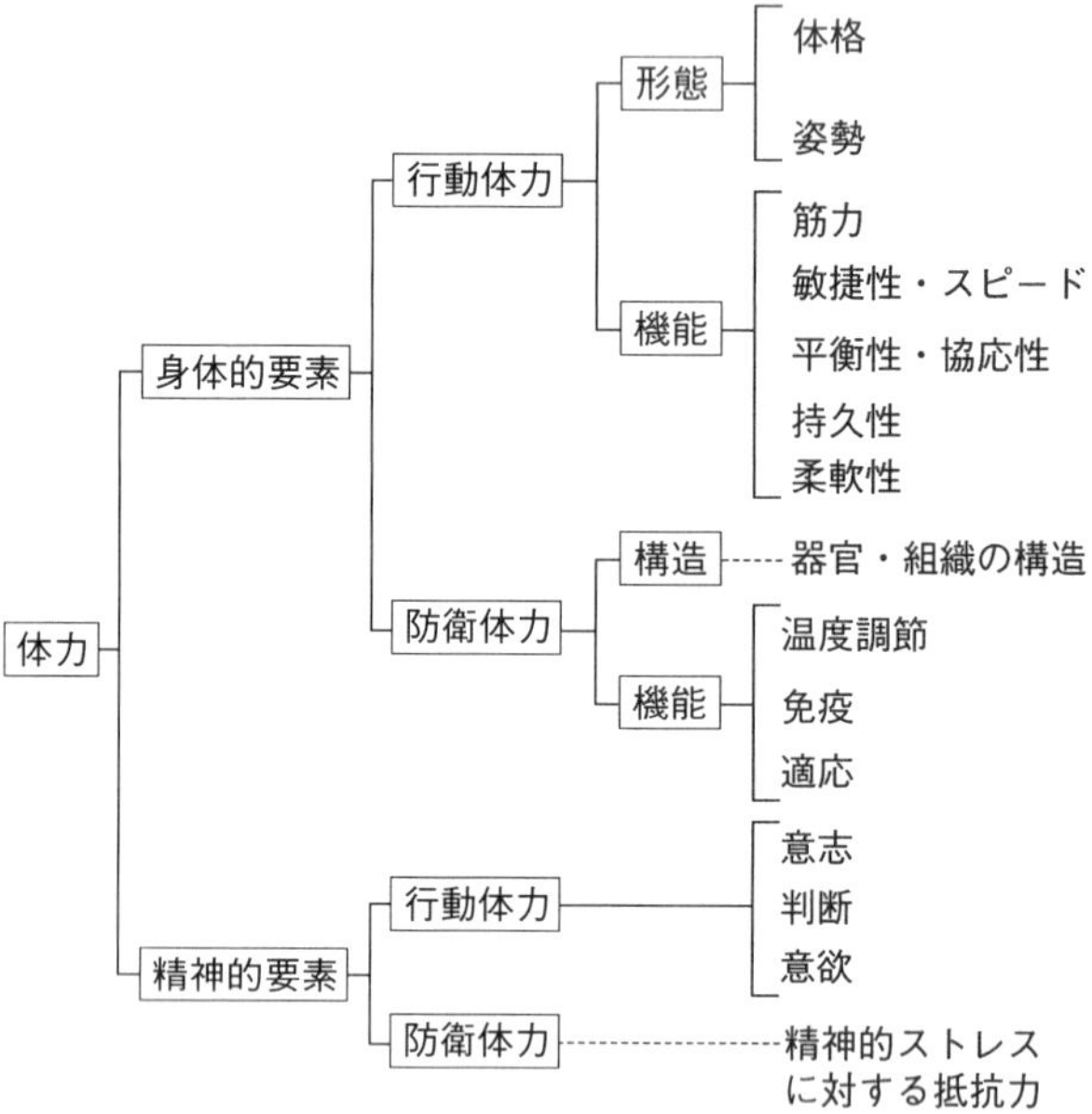


図5-03　体力の構成要素（運動生理学入門第12版，猪飼道夫，杏林書院，1969）

動はとても有効だという説があります。

## 質問5 シェイプアップに必要な運動・食事などは?

Q：なかなか思うようにシェイプアップが実行できません。どうしたらよいですか?

A：食習慣、運動量、などを、もう一度確認。

食習慣と運動に分けて考えてみましょう。

①食習慣

食事の時間帯がまちまち、眠る直前の夜食、イライラからの過剰摂取、こういった食習慣は、自ら身体に脂肪をためこもうとしているようなもの。以下に気をつけます。

・一度に少量の食事にして、食事回数を増やす。

・ごはん、パン、いも、パスタなどの炭水化物は朝と昼に。過剰な炭水化物は脂肪に変換されるため、夜は少量で済ませること。

・脂肪と砂糖は一緒に食べない。夕食後のデザートは食物繊維を含んだ果物類（りんごなど）がベター。ケーキなどの脂肪＋砂糖摂取を食後にとると、リポタンパクリパーゼという酵素が働き、貯蔵脂肪に変換されることにつながる。
・バランス良く食べる。たんぱく質・ビタミン・カルシウムは必須。

②運動

運動は避けて通れない道。太りにくい身体づくりには、
・筋肉の量を増やすか、維持する
・骨を強くする
・内臓器官を丈夫にする
・体脂肪を管理する

これらが大切です。運動をしないと、多くの組織が減弱化、代謝も低下します。ジムに通うなどして定期的に行うべきですが、忙しければ夜寝る前の運動だけでも実践を心がけましょう。睡眠中に成長ホルモンが分泌することで、寝ている間に筋肉の成長を促し、燃焼効果を高めます。

そのほか、姿勢の乱れは背中や骨盤周辺の筋肉に不要な緊張を強いることになります。これが血行不良をもたらし脂肪が燃えにくい身体となってしまいますので、正しい姿勢を心がけましょう。

## 質問6　腰痛を解消する運動はありますか？

Q：腰痛を解消する運動はありますか？　また腰痛もちはどういう運動がいいのでしょうか？
A：腰痛にはさまざまな原因あり。筋力が弱いことによる腰痛に関しては、運動効果は大。

腰痛にはさまざまな原因があります。ぎっくり腰、慢性疲労など、痛みの症状もさまざま。ここでは、運動実践で痛みの解消が可能になる、「筋疲労・血行不良・弱さが関連する腰痛」について説明します。

まず腰の筋肉が疲労して起こる腰痛は、「筋・筋膜性腰痛症」と呼ばれます。普段とっている姿勢が鍵となるため、その改善も必要になります。また、姿勢の悪さや、背骨を支える筋肉や靱帯が弱まることで生じる腰痛は、「変形性脊椎症」と呼ばれます。これは、年齢の上昇とともに起こりやすくなります。簡単に原因と解消法を示しますが、これだけで対処が難しい場合は、医師とよく相談してください。

まず「筋・筋膜性腰痛症」について。これは、パソコンで一日中座位姿勢をとる、仕事で車によく乗る、など、同じ姿勢を長時間続けることからくる腰背部の筋疲労が、大方の原因といわれ

### ①疲れが出る姿勢からの脱却法

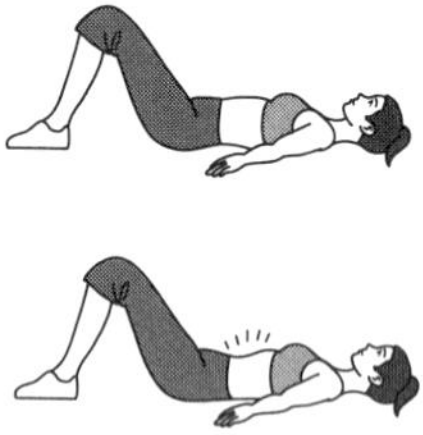

仰向けに寝る。膝は軽く曲げて。次におなかにグッと力を入れ、腰の後ろと床の間にできる隙間をできるだけなくす（ウエストの部分が床にピッタリとつくようにする姿勢へ）。この、ウエストをピタッとつけた姿勢を5秒間キープ、そして一気に脱力。これを2～3セット、就寝前に。

### ②痛み解消ストレッチ

イスに浅めに腰掛けたら、両腕はイスの両脇に自然に伸ばして大きくそらす姿勢を。上を向いて3～5秒間キープ。その後脱力して身体を前へ倒す。この姿勢のまま腰を伸ばすようにして5秒間伸ばす。2～3セット実施。

### ③痛み解消ストレッチ

足を肩幅よりやや大きめに開く。壁に両手をつき、その手を徐々に下のほうへ。おしりを後ろへ。腰～脚部裏側全体を伸ばす。10秒間ほどキープを。2セット実施。

図5-04　腰痛解消ストレッチング＋運動数種

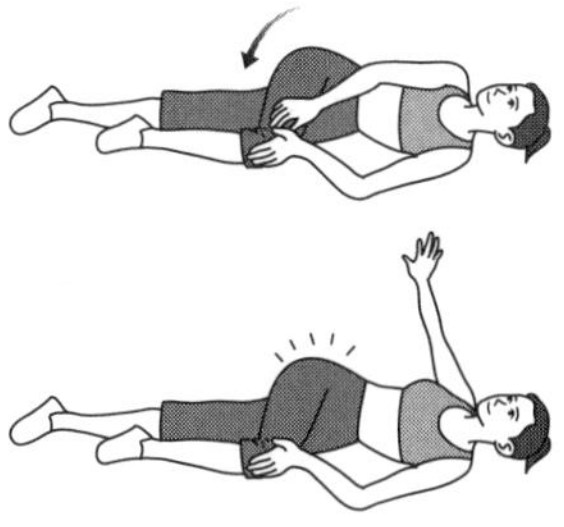

**④痛み解消ストレッチ**

仰向けになり、右膝を直角に曲げたら膝に両手を添えて、押しながら左側へ倒す。顔は上を向いたまま。次に、膝に添えている手を左手だけに。右手は横へ。伸ばした腕の方の肩が浮かないよう注意。これを3〜5秒間キープする。両サイド同様に。2〜3セット実施。

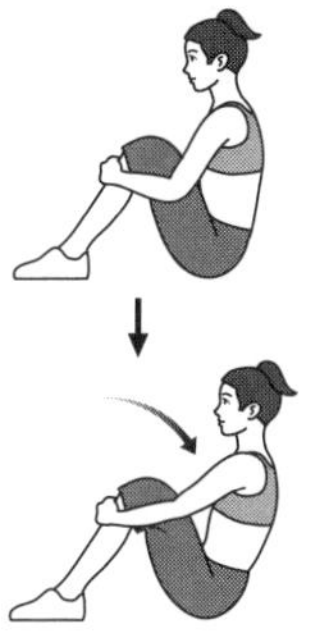

**⑤痛み解消＆予防運動（腹圧強化）**

膝をかかえて足は軽く床につける。身体を少しだけ倒し、3秒間カウントを。その後、元の位置へ。これを5回繰り返す。慣れてきたらカウントする時間を5秒間、7秒間、10秒間まで増やす。慣れたら2セット。

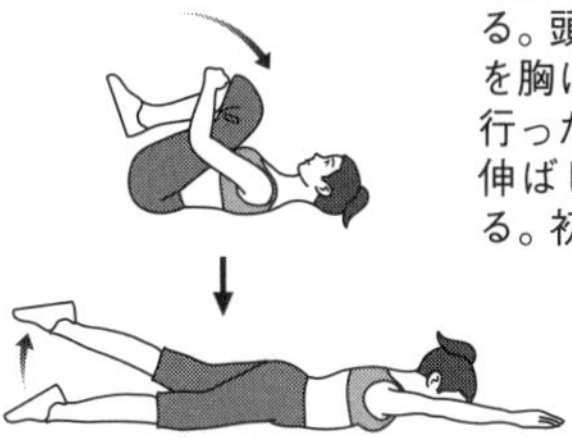

**⑥痛み解消＆予防運動（背部強化）**

仰向けに寝て膝を両方の手で抱える。頭＆背中は浮かせないように膝を胸に近づけて。これを3〜5秒間行ったら、姿勢をうつぶせに。膝を伸ばした状態で片方ずつ足を上げる。初めは3秒間、慣れてきたら5秒間キープ。足は股関節（足の付け根のあたり）から上げる意識で。2つを1セットとして1〜2セット。

ています。レントゲン検査や神経学的検査に異常はなく、歩くことにも支障ないことから問題ないように思われますが、常に背骨の両サイドにある筋肉のこり、張り、痛みといったものが感じられます。

次に「変形性脊椎症」ですが、このタイプの腰痛は「良くなったり悪くなったり」というい わゆる慢性腰痛です。背中や腰に痛みを感じ、診察をうけても特定の場所に痛みを訴えません。しかし、腰がすっきりしない、だるいなどの症状を訴えるのです。

一般に年齢を重ねてくると、「老化による椎間板の組織の変形・変性」が進みます。これに合わせるように、背骨を支える筋肉や靱帯も少しずつ弱まるため、全体として身体を支える力が減弱化し、この腰痛が生じるのです。

これらの「筋・筋膜性腰痛症」「変形性脊椎症」に対し、普段から注意するポイントをあげます。この二種は基本的に「筋肉に弱さがある」と思われる原因をもつ腰痛です。よって、背骨周り・腰周りを支える筋肉に丁寧なアプローチをしてみましょう。

①正しい姿勢をとる

姿勢が乱れると、背骨周りの筋肉や腰周囲の不必要な緊張を招き、血行不良へつながります。普段から、あごを引き、首を長く見せるようにスッと背筋を伸ばしましょう。また、おなかが前に出て、おしりが後ろへ突き出ているような姿勢は腰痛になりやすく、骨盤—腰椎間に多大な負担を強いることになりますので、気をつけます。

②脊椎の周辺をよく動かす＝血行を良くして疲労をとりのぞく

日頃から軽い運動や体操を実践、そして脊椎周辺（筋肉・靱帯）の血行促進に努めましょう。特に、「変形性脊椎症」は、老化による腰周辺部の筋硬化（筋肉硬化、血行不良）のために、症状が悪化しやすいのです。運動の内容は、図5－04にある「解消法」ストレッチング運動を毎日行ってください。背筋力強化がなされると、背筋が十分に働くので腰にかかる負担度は軽くなります。また、腹筋力が強化されると、腹圧（おなかの力発揮）が高まるので、負担にも、腰は耐えることができるようになります。

## 質問7　筋肉が脂肪に変わるというのは本当ですか？

Q：社会人になって運動不足になり、筋肉が脂肪に変わったような気がします。

A：筋肉を構成する細胞と脂肪を構成する細胞は全く別物です。

「運動をやめたら筋肉が脂肪に変化してしまった」と嘆く方は多いですね。ですがこれはやや曲がったお話です。筋肉と脂肪を構成する細胞組織はそれぞれ全く「別物」です。ですから、筋肉が脂肪に「直接変化」することはありません。

ですが、このご質問の方のように、運動習慣がほとんどなくなると、基礎代謝も下がります。筋肉自体も、日を追うごとに細くなるのでやせてしまうのです。そして、運動をしないのに食事量は変わらないとしたら、当然行き場のない余剰エネルギーは体脂肪へと変化します。体脂肪が血管や皮下・内臓などへ蓄積されれば、見た目で「筋肉が脂肪に変わってしまった」という状況になるのです。

筋肉が脂肪に直接変わったのではなく、「筋肉が減り、余剰エネルギーが体脂肪として蓄積した」と理解してください。

## 質問8　何を食べれば筋力アップにつながるのですか?

Q：筋力アップに適した食事やサプリメントはあるのでしょうか?
A：魔法の食事やサプリメントはありませんが、栄養素にも注目をしながら選定を。

まず大事なのは、「何を」よりも「いつ」です。特に、運動後の栄養補給が大切。ただ、運動後すぐ食事を、といわれても交感神経の興奮作用で、食事をうけつけません。たとえ食事を摂取

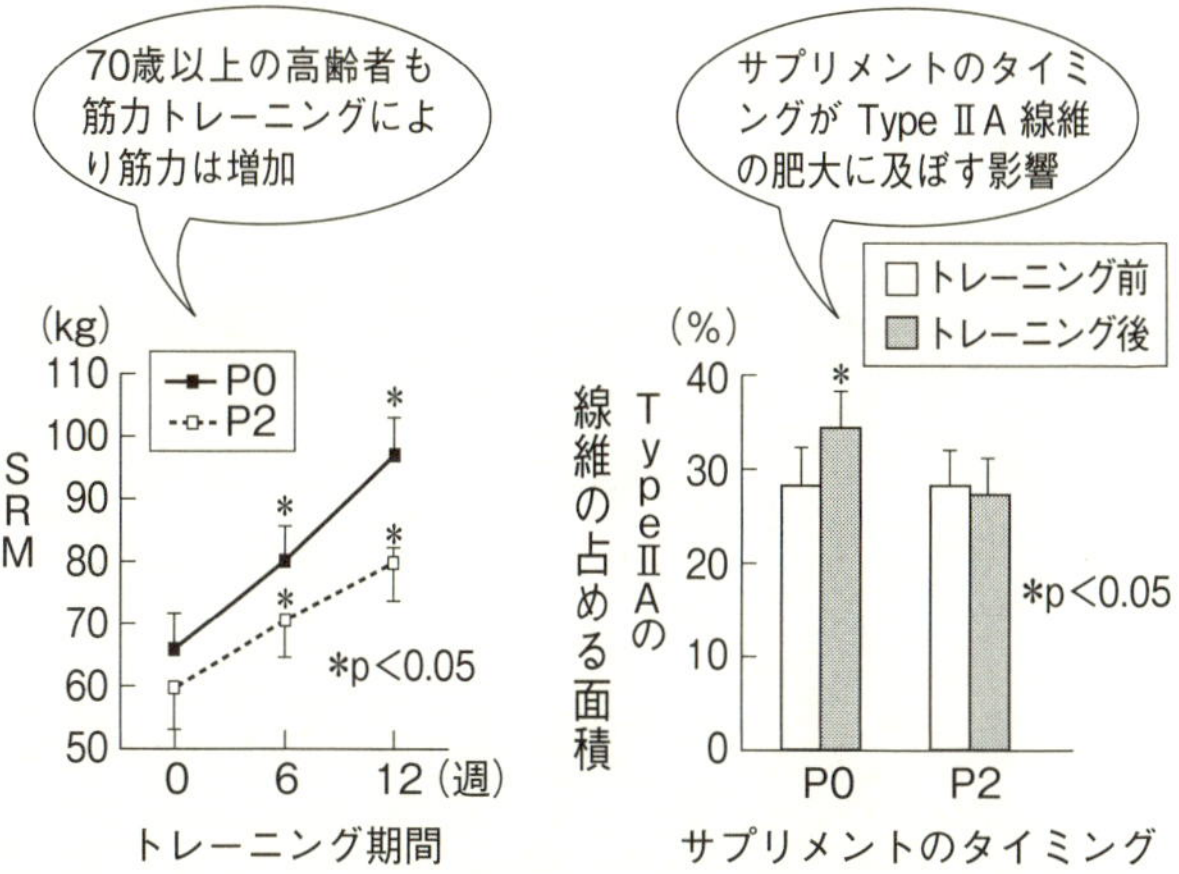


**図5-05　サプリメントの摂取タイミングが筋力アップにおよぼす効果**（Esmarck, et al., Journal of Physiology, 2001）

しても、消化吸収に時間を要しますので、標的の筋肉などに届くまでには時間がかかります。そのため、手軽に摂れるサプリメントが推奨されるのです。

まず運動後の摂取についての実験報告のご紹介を。ある70歳以上の男性グループに筋力トレーニングを週に3回、12週間実施してもらいました。そして糖質7gを含んだプロテインを毎回「トレーニング終了後10分以内（P0）」と、「トレーニング終了2時間後（P2）」に飲むグループに分かれてその筋力の向上を検討しました（図5－05）。両グループともに筋力の向上は明らかにみられたのですが、筋力アップ率の高さがより大きく認められたのは、「トレーニング後10分以内」に摂取した方々で、特に瞬発系の運動（解糖系）および酸化系の運動両者に優れているType IIA細胞（第2章2－2）が顕著に筋力アップしたことがわかりました。

70歳を超えてもこのようなサプリメント効果があるということは、注目すべきことです。運動中にたんぱく質が分解される程度は年齢に依存しており、高齢者ほど分解がさかんに行われます。運動後、素早いたんぱく合成のスイッチを入れて筋肥大をはかり、筋グリコーゲンの再貯蔵を狙います。そのため、できるだけ速やかな摂取が理想的といわれています。

そのプロテインですが、これは多くの種類があるため、選ぶのが大変です。ホエイプロテイン（乳清タイプ）は消化吸収が早く、多くの年代向けに販売されていますが、カロリーが若干高めです。また、ポリフェノールや抗酸化物などが加えられている健康志向もの、アスリート向けの味をあまり重要視していない大豆含有量に着目したものなど、メーカーによって種類はさまざまです。はじめは「飲みやすいもの」を基準にしても十分でしょう。

次に運動前。たんぱく質の分解を未然に防ぐようなアミノ酸サプリメントを運動20～30分前に取っておくことは効果的である、という報告があります。特に分岐鎖アミノ酸（BCAA）は、筋たんぱく質を構成する大切な材料。これを運動前に摂取すると、筋肉の激しい分解を防ぐことにつながります。運動中の摂取は、消化器系の負担を考えると理想的ではありません。

## 質問9　スポーツドリンクの効果や補給の仕方を教えてください！

Q：スポーツドリンクを飲むことで、パフォーマンスが上がるのでしょうか？
A：体内の水分量を増やしただけでは、パフォーマンスは上がりません。

発汗などによって体内から水分が放出されると、体液中の塩分濃度が上昇し、細胞から水分が引き出されます。そして脳細胞から水分が引き出されると「喉が渇いた」という指令が送られ、腎臓において水分の再吸収が開始され、その量は増加し、塩分濃度の高い尿が排出されます。こういったことから、こまめな水分補給は、血液の塩分濃度を安定させ、細胞内の水分確保をするのに欠かせない作業だ、といえます。特に夏の運動では10～15分おきくらいに摂取するとよいでしょう。

しかし、飲みすぎやスポーツドリンクの選定には、若干注意が必要です。確かに体重の6割は水分で、汗からは多量のミネラルも放出されます。よって、ミネラル分の含まれたスポーツドリンクは運動時に適した飲み物だ、と判断されるのですが、汗の成分は、「最初だけ」ミネラルを多量に含んでいます。その後は徐々に少なくなり、塩分の薄い汗となります。したがって、ミネラル分を補給するのであれば、浸透圧（体内の塩類濃度を一定に保つ水分調節の働き）バランスを保つくらいの、やや薄めたドリンクのほうが、身体にとって負担になりません。

そして飲みすぎないことも肝心です。飲みすぎることで、いわゆる水ぶくれ状態がさまざまな細胞でおきます。水分が多いほど動きがよくなることなどありません。

現在は、昔と違ってさまざまな成分が多量に含まれたスポーツドリンクが数多く出回っています。できればどのドリンクも薄めたものに作り変えるくらいの気持ちで接してください。水分を過剰摂取した場合は、カリウム（細胞の中に入ったカリウムは水分を吸収してくれる作用がある）を含んだ食品（バナナや豆類など）などを補給し、体内バランスを保ちます。

## 質問10 トレーニングに限界はありますか？

Q：トレーニングの強度が上がらなくなり、限界が来たような気がします。年齢が上がっても乗り越えることはできますか？

A：年齢が上がっても、トレーニングの種目や目的に柔軟性をもたせることで、限界はなくすことができます。

ある事例をお話ししましょう。72歳の現役ボディビルダーの方。いつもノートを持ち込み、記録をマメにされています。筋力トレーニングのフリーウェイトゾーンへまっすぐ足を運び、プロテインのとかされた水をぐっと一気飲み。そしてウォーミングアップも含めたストレッチングから入り、ダンベルトレーニング、フリーウェイトトレーニングへと進みます。そのトレーニングの仕方は時にゆっくり、時にスピーディに。呼吸もしっかりと、声をだしながら威勢のよいトレーニングが展開されます。そしてそれは一定でない緩急のあるリズムで実践されます。週に３回、上級者レベルのヘビーウェイトトレーニングに励みます。開始した年齢は55歳。この17年間、限界を感じたことなど一度もないそうです。ボディビルディングの大会にも出場し、年齢別での優勝経験あり。本当に頭が下がるくらいの熱心なトレーニングぶりです。

なぜこの話を持ち出したか、これはトレーニングに関しては「何を目的に」し、「どこまで自分の限界を引き出せるか」はその人のやる気次第だ、ということです。年齢も関係ありませんし、限界などトレーニングには存在しません。

というのも、トレーニングはどこに主眼を置くかで全く効果が変わるからです。たとえば、ある男性が１００kgのバーベルを10回持ち上げることができるとしましょう。ここまでの重たいウエイトを持ち上げるには、相当のトレーニング期間と努力が必要です。しかし、同じ人物が10kgのバーベルを１００回連続で挙上できるか、というと、実際はできないのです。おわかりでしょうか？　たとえ重量や回数の計算合計値だけは同じだとしても、この2つのトレーニングの種類は、全く異なるのです。限界を感じたとしたら、「少し方法を変える」こと、ここが大切です。

人間は心理的限界と生理的限界の乖離が、非常に大きいといわれています。限界と本人が思っている状況は、実は全く限界ではないのです。トレーニングで何をどうしたいか、次はどんなステップへ向かいたいか、を常にトレーナーと話し合いながら計画的にトレーニングを進めていくと、限界ではなく、次へのステップが見えてきます。やせたいという目的でジム運動をはじめて、2年間かかってようやく目標体重に達した、それでは次は何をしよう？　この軽くなった身体でダンスにチャレンジしてみようか？　あるいはできなかった運動にトライしてみようか？　などと、そこから新たな目標や目的を設定していくのです。そこでトレーニングの種類や質も大きく変わります。

もうひとつ事例を。39歳で初めてジムに訪れた男性の方。仕事が多忙になる月は週に1度通えるか通えないか、多忙でない月は毎日、あるいは週に4回ほどのペースでトレーニングをしていました。この「たくさんジム通いできる月」と「たまにしかジムに通えない月」のリズムが、本人いわく、長続きの秘訣かもしれない、ということです。51歳になった今でも継続しているのは、「通いにおける緩急のリズム」があるからかもしれません。

ジム通いをしている人の中には、「あえてトレーニング休憩を長くとる」という方法を採用する方もいらっしゃいます。トレーニング中の休憩は、あまり長くとらないほうがいい、とされていますが、すべてを満たすトレーニングなど、なかなかありません。もし限界を感じたら、トレーニングの主眼をどこにおくか、そこをもう一度検討してみましょう。

# 第6章　ジム運動の実践

ここまで、スポーツジムで実践可能な運動メカニズムについて、運動・スポーツ科学に基づいて解説してきました。この章では、これらの「理論」をもとに、一般的なトレーニングの実践法を説明していきます。

どのような運動をどのくらいのレベルで行うかは、個人差があります。そのため、ここでは、ご自身に必要な部分だけを読んでいただいてもかまいません。内容は、初心者向けの記述が多いですが、中・上級者は、個人差が大きいので、「一般的」な話をしにくいという事情があるためです。ですが、マシンの効果的な使い方や、各エクササイズの意味などは、意外と中・上級者でも知らないことがあるものです。ですから、自分の普段行っている運動については、確認の意味で目を通してみてはいかがでしょうか。

## 6－1　ジム運動の基本的な流れ

### トレーニングメニューを作る

ジムに入会すると、通常最初に、マシンなどの使い方の説明があります。合同で行う場合もありますし、個別で行う場合もあります。その際に、基本的な運動の進め方の説明も受けます。初心者は、このときに不明な点などがあれば質問をし、できればメモをとりましょう。

では、たくさんあるトレーニングマシンやスタジオプログラムのうち、どれをどういう順番で行えばよいのでしょうか？　それは、各人の体力や目的によって異なりますので、各人に合った「トレーニングメニュー」を作成する必要があります。「上半身強化」「ダイエット」などを目的とした「一般的なメニュー」は、各ジムに用意されていますので、それを利用してもかまいませんし、個別にカウンセリングを受け、オリジナルメニューを作ってもらうことも可能です。カウンセリングは有料の場合もありますが、最初は受けておくことをお勧めします。

## 基本的なトレーニングの流れ

実際にジム通いを始めた方は、どのような運動をするのでしょうか。目的や好みによって異なりますが、初心者の場合、おおむね次のような流れになります。

①筋力トレーニング（6-3）

ウォーミングアップ（全身運動・ストレッチング）（10分）→全身筋力トレーニング（20〜30分）→クーリングダウン（全身運動・ストレッチング）（10〜15分）

②ウォーキング、ランニング（6-4、6-5）

ウォーミングアップ（全身運動・ストレッチング）（5～10分）→ツイストウォーキング（5～10分）→ウォーキング、ランニング（30～40分）→クーリングダウン（ストレッチング）（10～15分）

③スタジオ運動
ウォーミングアップ（全身運動、ストレッチング）（5～10分）→スタジオプログラム→クーリングダウン（ストレッチング）（10分前後）。ただし、スタジオプログラムだけでもウォーミングアップやクーリングダウンは可能なプログラムもある。

④水中トレーニング（6－6）
ウォーミングアップ（全身運動、ストレッチング）（10分前後）→水泳プログラム、アクアビクス、水中ウォーキングなど→クーリングダウン（ストレッチング）（10分前後）

①～④の運動のみを行う場合もありますし、複数の運動を組み合わせるメニューもあります。上記はあくまでも一例です。

## 6－2　ストレッチング運動の実践

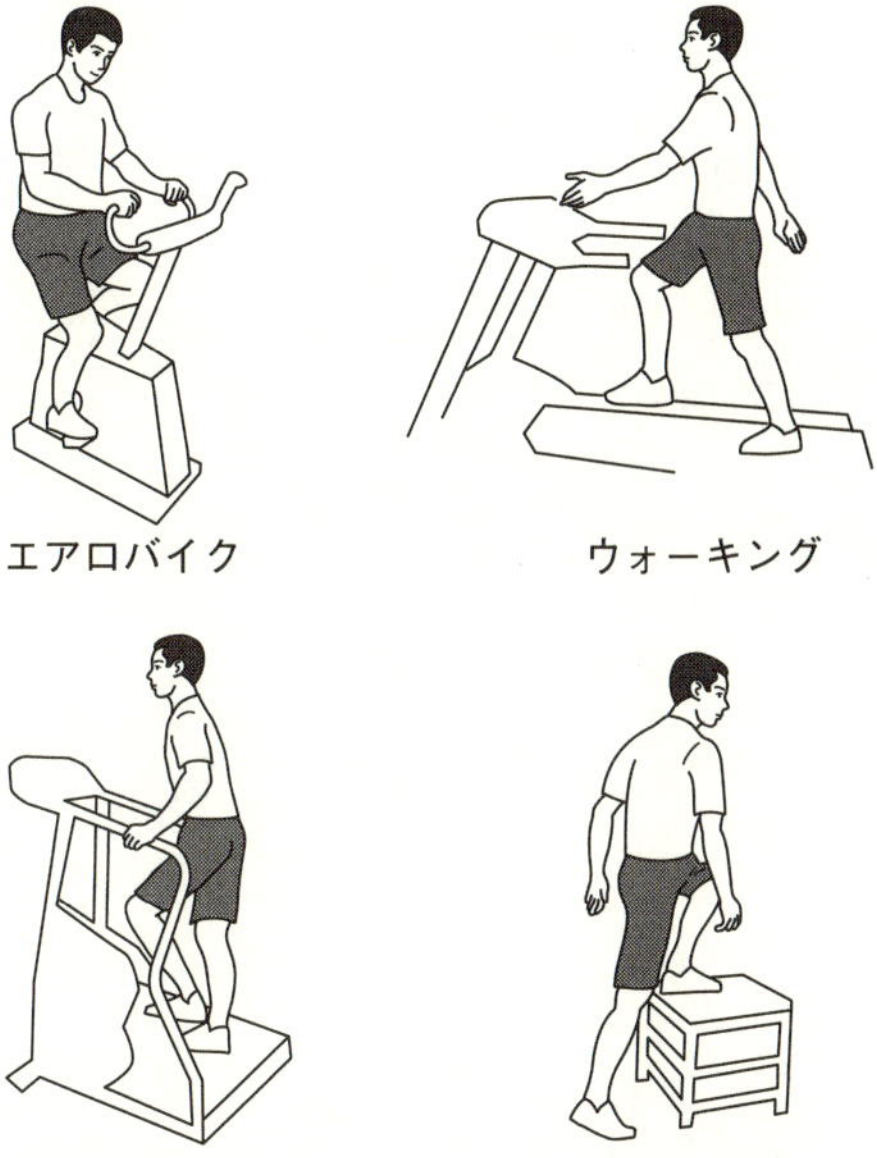


**図6-01　全身運動ウォーミングアップの例**

## ストレッチング運動の前に

ストレッチングも局所的な運動のひとつです。最初に全身の血行を促すゆっくりペースの運動を少し実践してからのほうが、効果が上がります。特に久しぶりの運動実践者は、ストレッチング運動開始前に、全身を動かす運動（図6－01）を5～6分程度行ってください。身体全体が冷えていた、寒い環境下に長時間いた、という場合も同様です。

## 基本のウォーミングアップ、クーリングダウンストレッチング（図6－02）

ジムでストレッチングを行う場合は、座位や仰向け、うつ伏せでの実践が可能です。そのため、ここではウォーミングアップ、クーリングダウン両方に行える基本的な動作をあげます。ランニング後など、立位姿勢で実践する場合は、少しばかり姿勢などの工夫が必要ですが、座った場合と同様の内容を行うことができます。以下の①～⑨を順番に行います。

①全身のストレッチング

仰向け姿勢に。足を肩幅に開き、両手を組んで手のひらを上へ。手とつま先を同時に引きあうイメージで大きく全身を伸ばし、3秒キープ後一気に脱力。3回繰り返す。

（立位姿勢で行う場合は、上下に大きく伸びをする形で、呼吸のリズムは同様に）

②肩周り・上半身・首周りを伸ばす・ほぐすストレッチング

立て膝姿勢に。頭の上で手を組み、手のひらを上に向け、胸を張って一度上へ伸びる。次に息を吐きながらゆっくりと上体を横へ倒し、3秒間キープ。反対側も同様。（両手で行うのがつらいときは、片手だけの伸びでもOK）。2回繰り返す。次に片方の腕の肘を軽く曲げながら背中側に回し、反対の手で頭を斜め前に押し下げるようにして3秒間キープ。伸ばしているほうの肩はできるだけ下げる。反対側も同様に行う。2回ずつ繰り返す。

（立位姿勢でも同じ動作は行える）

③背中・胸を伸ばすストレッチング

背筋を伸ばして手を床の上にのせる。両手を顔の下あたりについたら、四つん這いになって呼吸を整える。そこから両手をゆっくり前に滑らせながら、背中が最大限に伸びたところでおしりを持ち上げ、5秒間ほどキープ。2回繰り返す。

（立位で行う場合は、壁に手をつき、背中が床と平行になるような姿勢をとり、ゆっくりと大きく呼吸しながら10秒間ほど1回実施）

④肘・手首を伸ばす・ほぐすストレッチング

左肘を曲げて手で肩を触る。指先を肩にのせたまま、肘を頭のほうへ引き上げる。背筋を伸ばした状態のまま、右手で肘を右方向へ引っ張り、5秒間キープ。反対側も同様。身体が逃げないよう注意。次に両腕を横へ伸ばしたら、肘を軽く曲げて手首を4秒間かけて振る。最後に右の手のひらを上にし、床と平行になる高さまで持ち上げ、左手で右手の指を軽く握り、身体のほうへ引き寄せる。8秒間キープ。反対も同様に。全体を通して1～2セット行う。

（立位でも実施可能）

⑤腰周り・骨盤周りをほぐすストレッチング

仰向け姿勢に。両手を真横に広げ、両膝は揃えて立てる。肩が浮かないように注意しながら膝

図6-02　基本のストレッチング

④肘・手首のストレッチング

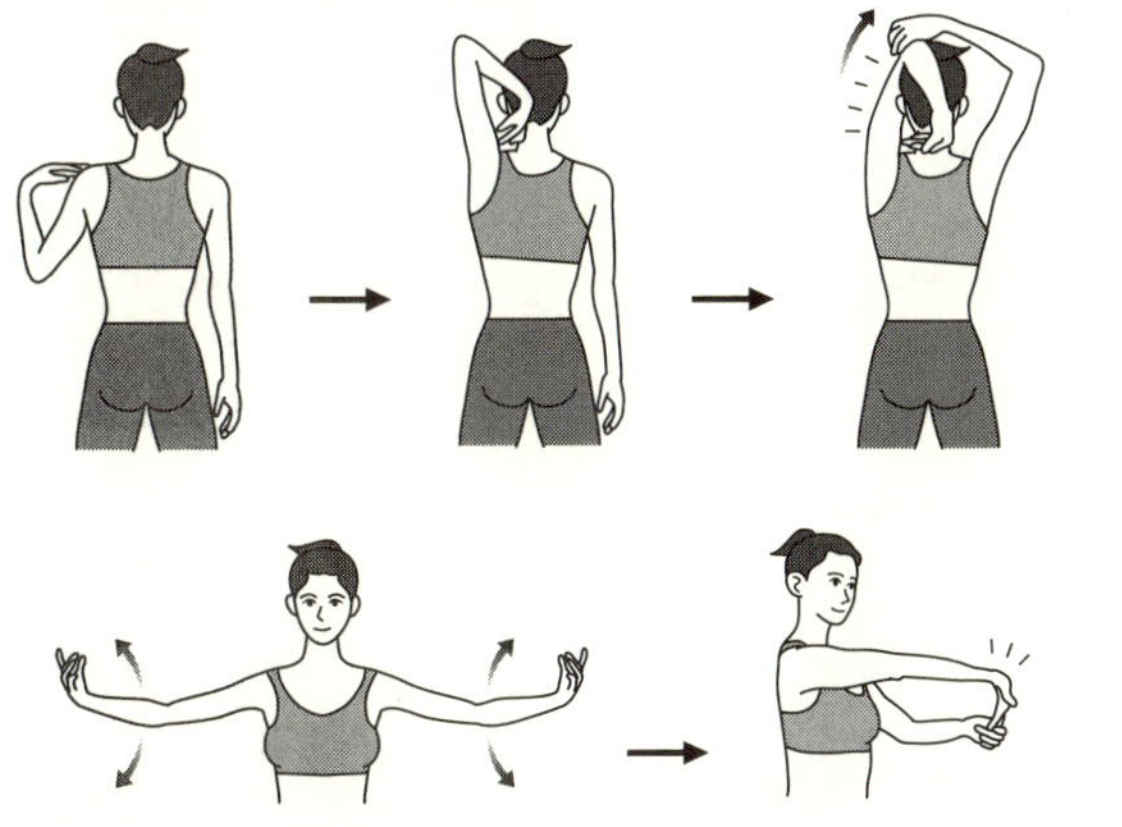

⑤腰周り・骨盤周りのストレッチング（仰臥・座位・立位）

⑥太もも前後面・ふくらはぎのストレッチング（座位・立位）

⑦股関節・おしりのストレッチング（仰臥・座位・立位）

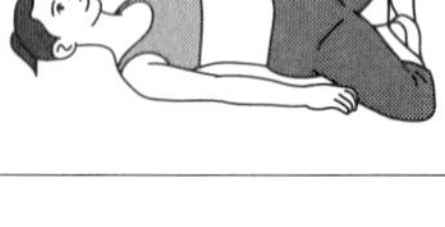

### ⑦股関節・おしりのストレッチング（仰臥・座位・立位）

⑧おなかのストレッチング（仰臥・座位・立位）

⑨脛・足首周り・足裏ストレッチング（座位・立位）

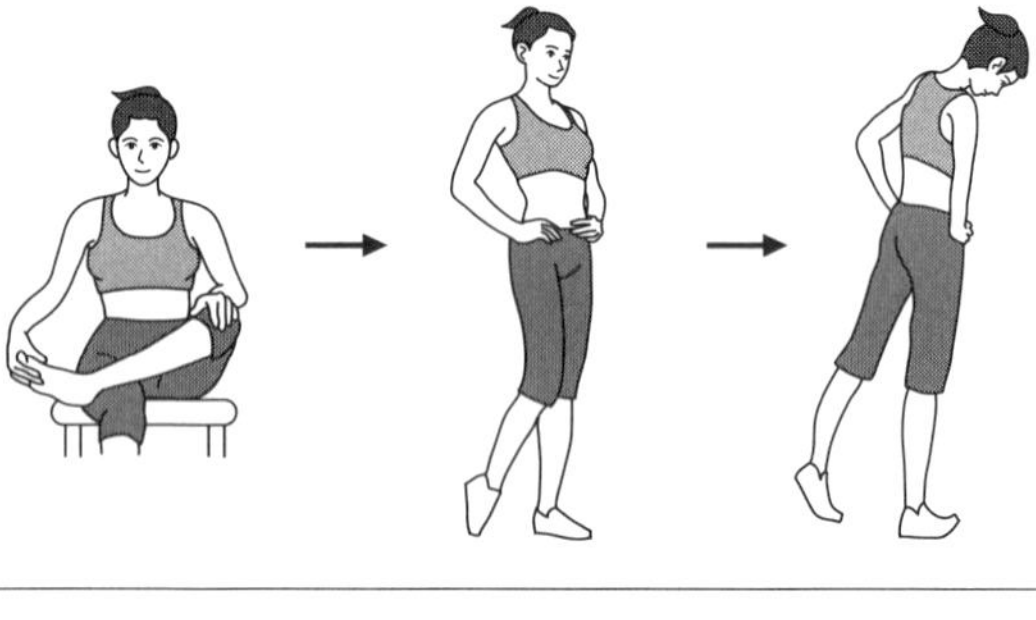

を真横へ倒し、３秒間キープ。反対側も同様に。左右交互に２～３セット実施。次に、両手を腰にあててサポートしながら膝を顔に近づけるようなイメージで、つま先を床のほうへ（つま先は床につかなくてもよい）。そのまま３秒間キープ。背中は多少丸めるようなイメージで。これを２回繰り返す。

（立って行うのは難しいので、腰をねじるような運動で補う。壁に背を向け、壁から１歩分だけ前に立つ。そのまま上半身だけをねじりながら壁に手をつき３秒間キープ。反対側も同様に。２～３セット。次に足を軽く開いて立ち、両手で膝の裏側を抱えて背中を丸めこむようにして、腰を伸ばす。３秒間キープ。２回繰り返す）

⑥太もも前後面・ふくらはぎ全体のストレッチング

両足をまっすぐ伸ばし、両手を身体の後ろについたら、右足のかかとを太ももの付け根に引き寄せる。左足のつま先は上を向け、５秒間キープ。反対側も同様に。両足を伸ばして足先をふりながらリラックス。次に右足だけ膝を外側へ曲げて、かかとを身体に引き寄せる。背筋を伸ばして息を吐きながら、伸びている足に向かって上体を倒し、左手でつま先をつかみながら５秒間キープ。反対側も同様に。一連の流れを２セット繰り返す。

（立位で行う場合は、椅子などにつかまり、身体を支えながら片膝を曲げて手でつま先をもつ。さらに膝を後ろへ引いて８秒間キープ。左右交互に２セット実施。次に右脚を大きく１歩後ろに

下げ、左脚に重心をかけながら右足かかとが床から離れないように8秒間キープ。反対側も同様に。これも2セット実施）

⑦股関節・おしりのストレッチング

仰向けになり、両足を身体のほうへ引きよせ、図のように重ねる。内側になる足のかかとはできるだけ股関節の根元まで近づける。外側になる足は内側の足の脛に近づけて、8秒間キープ。足の位置を替えて同様に、1～2セット実施。次に再び仰向けになり、両膝を立てる。左足の太ももに右足をひっかけるようにし、右足で左足を押すように床へ倒す。最大限倒したところで8秒間キープ。元に戻し、反対側も同様、2セット行う。最後に座った姿勢になり、両手を後ろへついたら右足を左足の太ももの上にのせて、足で「4」の字をつくるようにする。息を吐きながら、胸に膝を引き寄せるようにして8秒間キープ。反対側も同様に。これは1セット実施。

（立位で行う場合は、片足を大きく前に出し、股関節を伸ばす。膝は床につけてよい。反対側も同様に。1～2セット実施。次に足を肩幅に開いて手を腰に当て、立ったら軸足は動かさず、反対の足を踏み込むようにし、腰を内側に回しながらおしりを伸ばす。10秒間キープ。反対側も同様に。1セット。最後に胸を張ったまま、上半身を股関節から倒して手を交差させ、足首をつかんで10秒間キープする。1セット）

⑧おなかのストレッチング

うつ伏せ姿勢に。脇をしめ、両手を胸の横につく。背中を反らせるようにしてゆっくりと上半身を起こしていく。このとき腰を浮かさないよう注意を。8秒間キープ後、脱力。これを3セット実施。腰が痛い場合や、反らしがつらいという場合は、肘を床につけた状態のままで5秒間キープ。

（立位で行う場合は、手を腰にあてて、上半身を反らして伸ばす、あるいは何かに座って腰の位置を固定しながら反らしていく。8秒間キープ後脱力。1〜2セット）

⑨足首・脛・足裏をほぐすストレッチング

椅子に座り、左膝を曲げて右の太ももの上にのせる。手でつま先を包むようにもち、足首を伸ばして5秒間キープ。反対側も同様。2セット実施。次にかかととつま先をもち、足首と指先を曲げて5秒間キープ。反対側も同様に1〜2セット実施。最後に余力があれば足首を外側内側と、適度に回す。

（立位で実施する場合は、つま先を地面につけて体重をかけて伸ばしていく。5秒間を2セット。反対側も同様に。足裏は、できれば段差や階段を利用して、つま先を反らしながら体重を前方向へかけて足首も曲げる。これも5秒間キープ）

### ダイナミックな動きのウォーミングアップ運動（動的ストレッチング　図6－03）

ジムでの運動レベルが高い方や、ジムでスポーツ種目をされる方向けのウォーミングアップ用ストレッチングです。第2章2－1でご紹介した動的ストレッチング（＝軽く勢いをつけてリズミカルに筋肉を伸ばす）方法を用いることで、動作をよりスムーズに引き出すことができます。結構な運動量ですので、レベルの高い人向けに作られています。初心者は、これを実践するだけでも、よい全身運動になるでしょう。以下の①～⑧を順番に行います。

①キャット＆ドッグ立位

骨盤と肩甲骨を効率的に運動に使用するための準備運動。背中をグッと反らした後、意識的に丸める。リズミカルに5秒間ずつ静止し、交互に実施。3～4回繰り返し。呼吸はとめずに（丸める際に息を吐くと行いやすい）。

②キャット＆ドッグ四つん這い姿勢

①とほぼ同様。①が行いづらい場合はこちらを中心に行うと実践しやすい。

③スクワット＆ジャンプ

大きな筋肉をあたためながら動きに導入しやすいようにする準備運動。ハーフスクワット（膝を曲げる角度が60度くらい。90度までいくと深いスクワットになる）を3～4回プレスさせたら

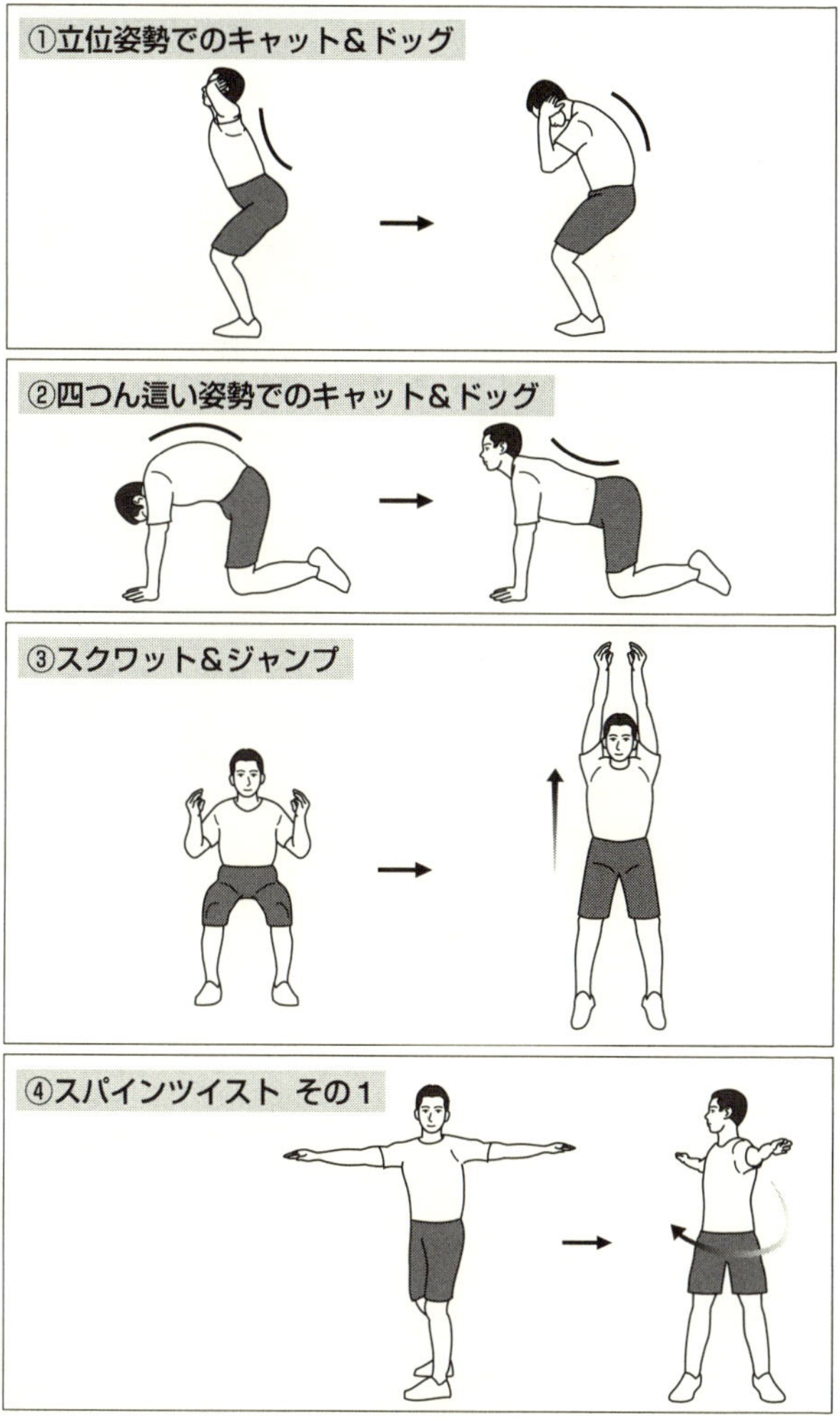


図6-03　ウォーミングアップ応用編

⑤スパインツイスト その2

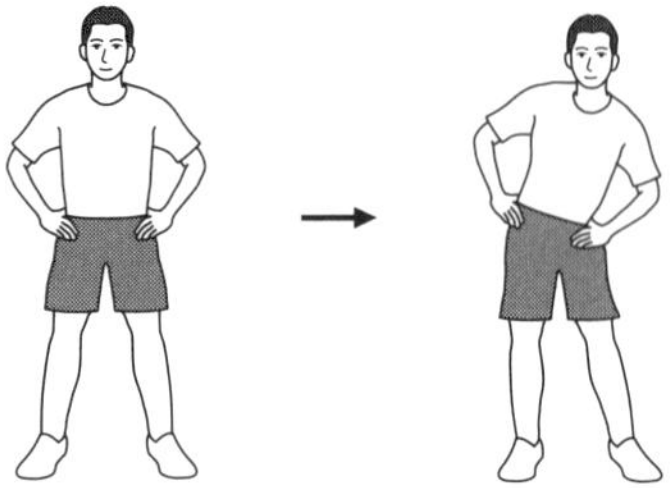

⑥前屈後屈・回旋運動

⑦膝回し・屈伸

⑧ヒールタッチ＆ニータッチ＆トゥタッチ

（曲げた状態で3～4回膝を屈伸させるように）、その後一気に身体を大きく伸ばしてジャンプ。静止せずにリズムよく全体を3～4回繰り返す。

④スパインツイスト　その1

骨盤周りに刺激を与える動作。手のひらを上に向ける。はじめに両足先を右方向におき、足は動かさず、上半身だけ正面を向くようにして身体を捻る。軸を中心に回旋するイメージで。次に反対向きも。左右とも3～5回ずつ。次に身体は正面を向け、左右交互に軸を中心に身体を大きく捻る。左右3～5回ずつ行う。

⑤スパインツイスト　その2

左右に骨盤をグッグッと突き出すような動作を、左右ともに10～15回ずつ実践。骨盤に意識を集中させるように。

⑥前屈・後屈、ダイナミック回旋運動

前屈後屈をゆっくり3秒ずつ行ったあと、勢いをつけながら身体を右へ回す。腕は遠くへ伸ばすように。今度は左へ。前屈後屈を含め、全体を3～5回繰り返す。

⑦膝回し・屈伸運動

中腰姿勢になり、膝に手をあててゆっくりと左右交互に3回ずつ回す。その後、膝の曲げ伸ばしを16カウント行う。久々にウォーキングやジョギングをする場合は、この全体の運動を2セット以上行うこと。

⑧ヒールタッチ&ニータッチ&トゥタッチ

その場で左足のかかとをおしりに近づけるように振り上げ、右手でかかとにタッチ。次に逆も同様に。左右5回ずつ行う。次に、右膝を勢いよく引き上げ、左手で膝をタッチ。3〜5歩走ったら、今度は左膝を大きく引き上げて右手で膝にタッチ。上げている膝と反対の手のタッチ&ジョグを左右5回ずつ繰り返す。最後に、走りながら右脚全体を大きく振り上げ、左手でつま先をタッチ。3〜5歩ジョグをしたら今度は左脚全体を大きく振り上げ、右手を左足つま先にタッチ。このつま先タッチ&ジョグを、左右5回ずつ繰り返す。

## 6-3　筋力トレーニングの実践

### トレーニングマシンを使った筋力トレーニング

ジムでもメインとなる種目です。首から脚部にかけてまで、全身をまんべんなく安全に鍛えることができます。バランスを崩すことなく、大筋群を中心にトレーニングができるので、初心者にはおすすめの種目です。ただ、ダンベルやフリーウェイトと違い、関節の可動域が限定されるため、より多くの筋群を動員することは難しく、基本的な動きを身につけることが中心となるでしょう。

ここでは、多くのジムに設置してある、基本的な種目のねらいや使い方などを簡単に説明します。また、初心者、中・上級者とレベル別に簡単な使用法も示しました。ここで列挙したマシンは、あくまでも代表的なものですので、これがすべてではありません。ジムによって導入している機器メーカーは多様化していますから、類似したものがあればそれらを使用してください。

（1）胸部のマシントレーニング

①チェストプレス（図6－04①）

胸を張った状態からスタート。肩が前に出すぎないように注意。息を吐きながら肘を押し出すようにして、マシンを前方へ動かし、元へ戻す。

**初心者**：1秒かけて押し、2秒で戻す意識で。

**中・上級者**：マシンを押し出す際に力強く、できれば素早く、戻すときには上腕三頭筋に刺激がいくようゆっくりと戻す、を意識する。

②バタフライ（ペックデックフライ、図6－04②）

肘を90度くらいに曲げ、マシンに手をかける。肩が上がらないよう注意し、マシンを胸の前まで息を吐きながら、左右同時に引き寄せたあと、元へ戻す。

**初心者**：2秒かけて胸前へ引き寄せ、2秒かけて戻す意識で。

**中・上級者**：引き寄せる際には力強く素早く。マシンを元へ戻す際にも、筋肉を持続させて使いながらゆっくり行うことで、さらに大胸筋を効果的に鍛えることができる。

（2）背部のマシントレーニング

③ラットプルダウン（図6－04③）

手の幅は肩幅の1・5～2倍弱くらいに。背中を丸めないよう気をつける。息を吐きながら自分の後方へマシンバーを引き寄せる。

**初心者**：2秒かけておろし、2秒かけて元へ戻す意識で。

**中・上級者**：勢いよく引き寄せる動作を心がける。自分の前方へ引き寄せる手法も同時に行うとよい。これを行う際は胸を張り、やや背中を反らせることで、より、意識しやすくなる。ただし、腰を痛める危険もあるので、反りすぎには注意。

④ローイング（図6－04④）

パッドに胸をあてて、ボードの足を踏ん張りながら、身体の位置を固定。肩が上がらないよう

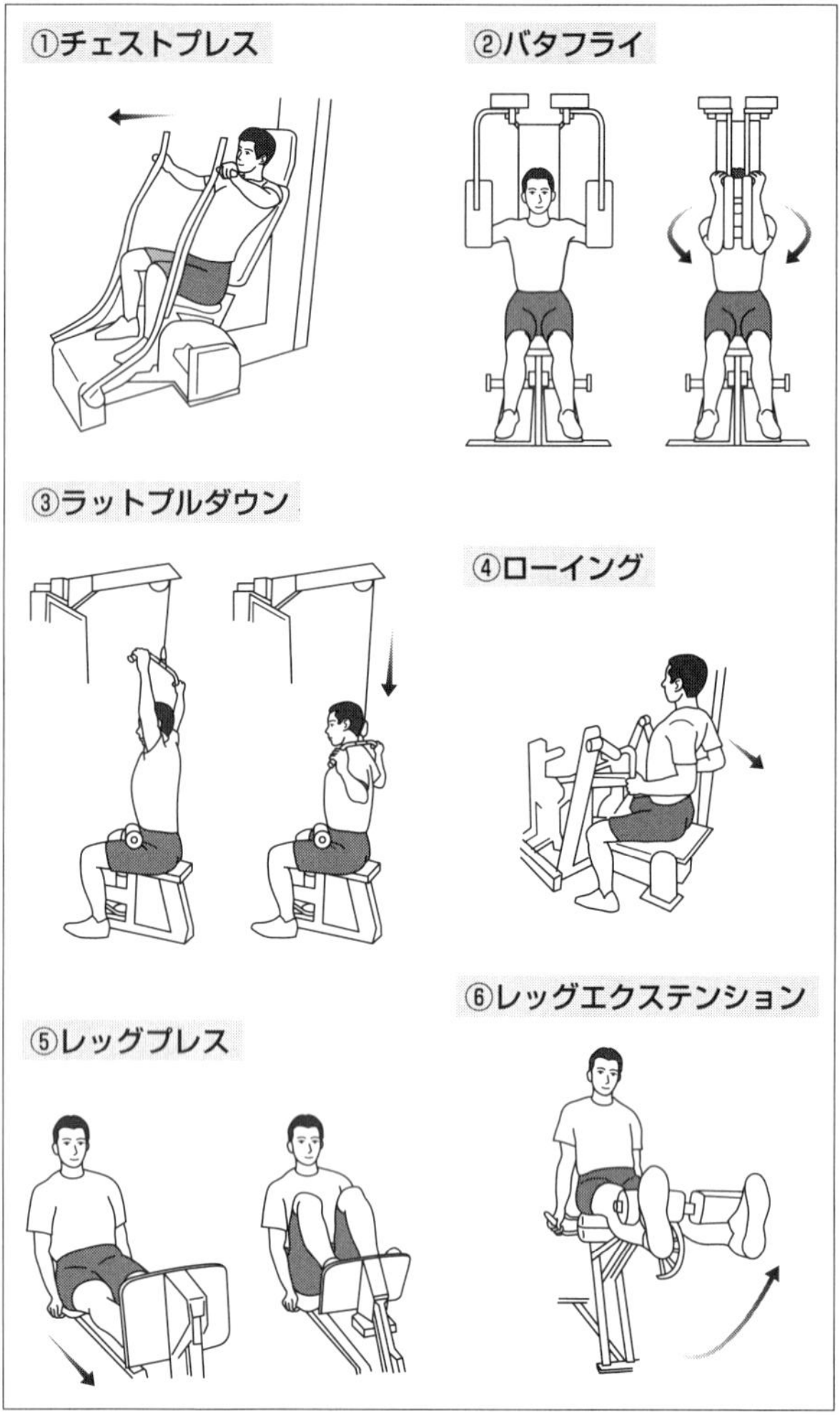


図6-04　マシントレーニング

⑦レッグカール

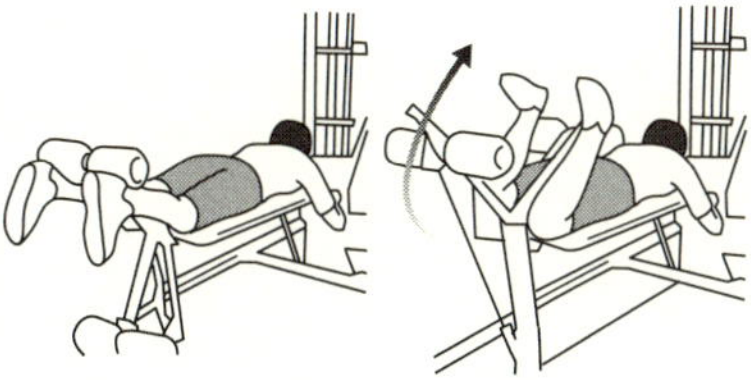

⑧ショルダープレス

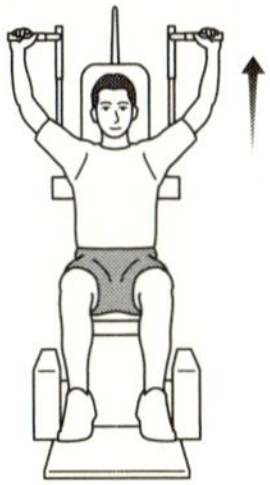

⑨アブクランチ

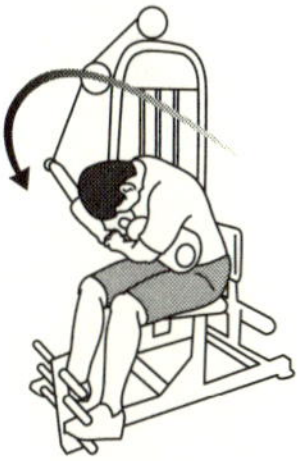

⑩アームカール

⑪プレスダウン

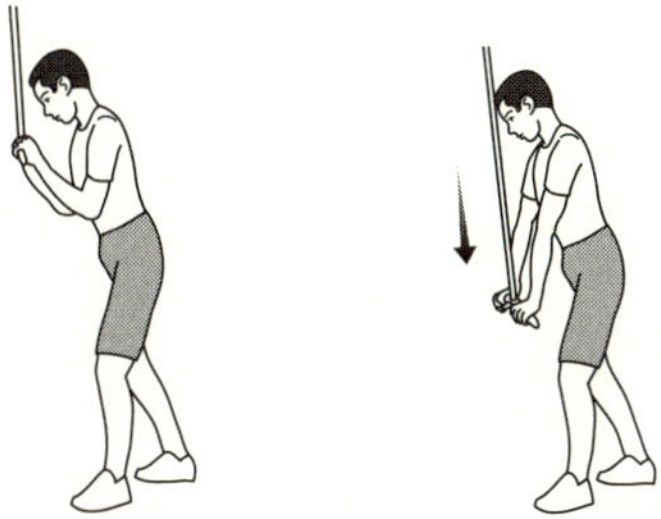

によく注意して（肩が上がると背中への刺激がわからない）、息を吐きつつ肘を後ろへ大きく引き寄せ、戻す。

**初心者**：背中への筋肉に効いているイメージがしにくいので、補助を頼むと行いやすい。1秒かけて引き寄せ、2秒かけて戻すイメージで。

**中・上級者**：勢いよく引き寄せ、背中を反ることに強く意識をおく。

（3）脚部のマシントレーニング

⑤レッグプレス（図6－04⑤）

膝をつま先と同じ向きに合わせ、膝を90度くらいに曲げる。その後、息を吐きながらマシンを足で強く押し、膝を伸ばしていく。上体が倒れないよう注意。

**初心者**：膝を伸ばしきる。1秒で押して2秒で戻す意識で。

**中・上級者**：あえて少し膝を曲げた状態でストップさせると、筋肉がいつまでも力を出し続ける状態になるので、脚部全体をさらに鍛えることが可能に。この際、膝をできるだけ深く曲げるなどして、可動域を最大限に広く取るようにすると、なおよい。

⑥レッグエクステンション（図6－04⑥）

息を吐き、膝を伸ばしながらマシンを上げていく。再び元の位置へ戻すとき（膝を曲げるとき）、脱力しないよう注意する。単関節動作で大腿四頭筋に直接的な強い刺激がいくため、レッグプレスやスクワット（フリーウェイト）の補助的動作となる。初心者は少なめの回数でかまわない。

**初心者**：2秒で上げて2秒で元へ戻す意識で。

**中・上級者**：持ち上げる際にスピードをつけ、力強く、そしてゆっくりと戻す意識で。

⑦レッグカール（図6－04⑦）

マシンを太ももの裏側へ向かって息を吐きながら引き寄せ、元へ戻す。足首を伸ばさずに曲げて行うことで、下腿部への筋力アップにつながる。引き寄せる際は、腰の反動を使いすぎないように注意（腰を痛めやすい）。

**初心者**：2秒かけて引き寄せ、2秒かけて戻す意識で。

**中・上級者**：できる限り素早く引き寄せ、ゆっくりと元へ戻すと、大腿二頭筋の特性（大きく速く動作する）を最大限に引き出すことができるので、そこに意識するとよい。

（4）肩部のマシントレーニング

⑧ショルダープレス（図6－04⑧）

マシンを握り、両肘を伸ばしながらマシンを頭上まで、息を吐きながら持ち上げ、その後、元へ戻す。
**初心者**：肘を外側へ向ける方法で初めのうちは慣らす。2秒で上げて2秒でおろす。
**中・上級者**：両方の動作を行うことで、三角筋を総合的にすべて鍛えることが可能に。挙上の際は、できるだけ素早く行い、戻すときにゆっくりと。

（5）腹部のマシントレーニング

⑨アブクランチ（図6-04⑨）
膝が90度くらいになるように脚の位置を設定。胸の前にパッドをあてて、背中を丸めながら前に倒していく。その後元へ戻す。
**初心者**：2秒かけて丸まり、2秒かけて元へ戻す意識で。最初は意識しづらいので、おなかに意識を強くもち、おへそを引っ込めるようなイメージで行うとよい。
**中・上級者**：みぞおちへのイメージを高めながら、丸めるときに勢いをつけて。

（6）腕部・前腕部のマシントレーニング

⑩アームカール（図6-04⑩）
バーを逆手にもつ。肘の位置を変えないようにし、息を吐きながら肘を曲げていく。

**初心者**：2秒で曲げて、2秒で戻す意識で。負荷はやや軽めに。

**中・上級者**：膝や上体の反動を使わないように意識し、二の腕の力だけでウェイトを動かすように強く意識すること。1秒で上げ、2秒でおろす、を目安に。

⑪プレスダウン（図6-04⑪）

背筋は丸めず、やや前傾姿勢に。肩幅くらいに手幅も足幅も広げる。順手でマシンのグリップを握る。息を吐きながら、肘を固定した状態で、ロープに体を添わせるように肘を伸ばし、元へ戻す。

**初心者**：手幅の間隔を若干広めにし、2秒でおろし、2秒で戻す意識で。

**中・上級者**：肩幅くらいの手幅を目安に（狭すぎると怪我をする）、1秒で勢いよくおろす意識で。

## ダンベルやバーベルを使ったフリーウェイトトレーニング

ある程度筋力トレーニングに慣れた、中・上級者向けのトレーニング方法です。軌道が一定でなく、さまざまなフォームで実施できるため、ジム運動やスポーツスキルの向上や、よりいっそうの筋力アップを狙う場合、この種目でトレーニングを行うほうが実践的であるといえるでしょう。

大切なのは正しいフォームを覚えること、ウェイト設定を丁寧に配慮しながら行うこと、です。初心者は、マシンでジムに慣れてきたらこれらの種目にトライするとよいでしょう。中・上級者は、ここで列挙した以外にも多くの種目が存在しますので、ぜひたくさんの動作にチャレンジしてみてください。ここで示すのはあくまでも代表的なトレーニングです。マシントレーニング同様、胸部・背部・脚部・肩部・腹部・腕部の順に説明します。

### （1）胸部のフリーウェイトトレーニング

①ベンチプレス（図6－05①）

スクワット、デッドリフトとともに「ビッグスリー」と呼ばれる最も基本的なフリーウェイト種目。フラットベンチをまたぐように座り、仰向けになって寝る。両足は床につけて。頭のすぐ上にあるバーベルを握る。手幅は肩幅の1・5倍強程度に。親指と人差し指の間でバーを挟み、しっかりとバーを握る。大きく息を吸いながら、胸に触れるところまでバーベルをおろし、息を吐きながらバーベルをまっすぐに上げるよう意識する。腕を伸ばすというより、肘を押し出すイメージで行うとよい。

**初心者**：3～4秒でおろし、2～3秒で上げる意識で。肩が前に出ないように（肩と腕の筋肉だけで持ち上げてしまうことになる）。補助を必ずしてもらう。

**中・上級者**：自分の体重くらいのウェイトを扱えるようになったら、腰周りにサポートベルト（トレーニングベルト）を巻くようにすると、さらに筋力アップトレーニングが行える。オーバートレーニングに陥りやすい種目なので注意すること。

②ダンベルベンチプレス（図6－05②）

胸を張った姿勢から胸の上に手を運ぶようにして、息を吐きながらダンベルを持ち上げる。肘を押し出すようなイメージで。

**初心者**：2秒かけて胸前へ引き寄せ、2秒かけて戻す意識で。バーベルでのベンチプレスよりも、初心者はこちらのほうが軽い負荷で行いやすい。

**中・上級者**：引き寄せる際にはゆっくりと、ダンベルを挙上させるときは胸をしっかりと張って背筋も意識し、素早く行う。ベンチプレスの補強運動として、重たい負荷でゆっくりと行うのもよい。

（2）背部のフリーウェイトトレーニング

③ベントオーバーロウ（図6－05③）

前屈し、オールを漕ぐようにバーベルを引き寄せる動作。肩幅よりやや広めに手幅をとる。上半身を床と水平になるようなイメージで前傾する。膝を軽く曲げ、肩甲骨を引き寄せるようにし

図6-05　フリーウェイトトレーニング

### ⑥デッドリフト

### ⑦ダンベルランジ

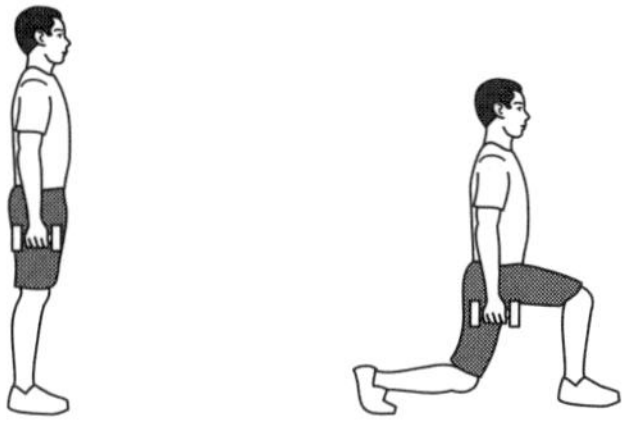

### ⑧バーベル・ダンベルショルダープレス

⑨ツイスト

⑩ダンベルサイドベンド

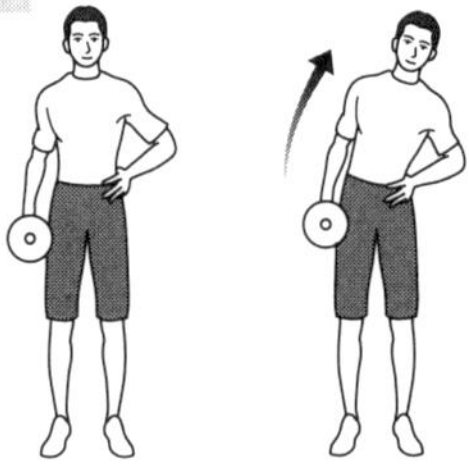

⑪レジストクランチ

⑫バーベル・ダンベルアームカール

て、胸を張る。背中のアーチを維持したまま、バーベルを胸の下あたりに向かって息を吸いながら引き上げ、ここで2秒くらい静止。その後ゆっくりと息を吐きながら元へ戻す。

**初心者**：腰椎に相当の負荷がかかるので、おすすめしない。

**中・上級者**：勢いよく引き寄せる動作を心がけるが、腕で引き上げるのではなく、背中で上げるイメージを常に忘れないようにする。

④ダンベルローイング（図6－05④）

ダンベルをもって力を抜いた状態で静止。肩が上がると背中に刺激がいかないので、肩が上がりすぎないように、肘を後ろに引き寄せるようなイメージで、息を吐きながらダンベルを引き上げる。

**初心者**：肘をなるべく身体から離さない。2秒で引き上げ、1秒でおろすイメージで。

**中・上級者**：バーベルよりも可動域が大きくなるので、それを最大限に生かし、体軸をやや回旋しながら、重めの負荷でトレーニングするのもよい。

（3）脚部・臀部のフリーウェイトトレーニング

⑤バーベル・ダンベルスクワット（図6－05⑤）

足を肩幅より少し広めに開く。肩甲骨を寄せて胸を張り、バーベルを肩に担ぐ。バーベルがぐらつかないように手の位置、バーの位置を調整する。息を吸い込んで、おしりをつき出すようにして下ろしていく。背中のアーチをしっかりとつくり、膝が足先より前に出ないよう注意。つま先と膝の方向が同じになるよう、太ももが床と平行になるまでしゃがみこむ。ここで3秒ほど静止。その後息を吸いながら膝を伸ばし、上がってくる。ダンベルスクワットも同様に、しゃがみこむ際に背筋をよく伸ばして。

**初心者**：ベンチプレス同様、必ず補助を。腰を痛めやすい種目でもあるので、レッグプレスなどで十分慣らしてからこちらへ。

**中・上級者**：レベルアップするほど腰周りなどを怪我しやすいので、ベルトを腰に巻くとよい。

⑥デッドリフト（図6－05⑥）

足は肩幅に開き、正面を向く。膝は足先よりも前に出ないようにし、おしりを突き出すような姿勢をとる。胸を張り、背中にアーチをつくる。息を吸い、腹部に力を入れながら、背中が丸まらないように太ももに沿ってバーベルを持ち上げる。力を抜かないように直立になり、またゆっくりと息を吐きながらもとの位置まで戻る。

**初心者**：強度が高いのであまりおすすめしない。

**中・上級者**：ゆっくりとした動作を基本に、引き上げ時に勢いをつけて。

⑦ダンベルランジ（図6－05⑦）

片足を大きく踏み出し、膝と床が平行になるくらいまで息を吐きながら膝を深く曲げていく。膝角度は初心者では90度が目安。両足は、バランスが崩れてしまうような直線状には並べないこと。スクワットより可動範囲が広いので、応用しながらさまざまなポジション（足を斜めに出すなど）で行える。

**初心者**：軽い負荷でゆっくり行うとよい。曲げたところで2～3秒静止する。

**中・上級者**：足を戻すときに勢いよく戻ると、脚部・臀部のさらなる強化につながる。膝角度を変えるなど、バリエーションをいくつか加えていくと、さらなる筋力強化に。

（4）肩部のフリーウェイトトレーニング

⑧バーベル・ダンベルショルダープレス（図6－05⑧）

バーベルは、胸の前にもち、肩の高さへ。肩甲骨を寄せて胸を張り、背中のアーチをつくる（ベンチはなくてもできるが、安定させるため、座ったほうが良い）。肩の筋肉を意識して、息を吐きながら一気に持ち上げる。ぐらつかないようにバランスをとる。ダンベルでは、耳の横あたりからスタート。胸をしっかり張り、頭の上でダンベルを合わせるようなイメージで、息を吐きながら肩をぐっと引きあげる。

**初心者**：負荷も高く、ダンベルでは安定性が低いのであまりおすすめしない。

**中・上級者**：一気に持ち上げる際に背中を反りすぎないよう注意。

（5）腹部のフリーウェイトトレーニング

⑨ツイスト（図6－05⑨）

バーベルを肩にかつぎ、姿勢を安定させる。足を肩幅くらいに開き、背中を少し反らせる。足の位置を固定したまま、反動をつけながら上体を捻る。捻るスピードは任意。はじめはゆっくりと。徐々にアップさせて。

**初心者**：安定性が低く、負荷も高いのでおすすめしない。

**中・上級者**：動作に慣れたらひねり動作を勢いよく行い、運動・スポーツ動作につながるような動きを行うのもよい。

⑩ダンベルサイドベンド（図6－05⑩）

背筋を伸ばして立ち、ダンベルはだらんと下げておくだけにする。ダンベルの重みを感じながら、サイドへ身体を倒す。戻すときも、重さを感じつつゆっくりと。反動をつけると腰を痛めやすいので注意。

**初心者**：安定性が若干低いが、軽めの負荷だと行いやすい。必ず指導者の下で行うこと。

**中・上級者**：ツイストと異なり、反動をつけると側腹部に効かないばかりか、腰を痛めてしまうので、注意をしながら行う。

⑪レジストクランチ（図6－05⑪）

頭の後ろで手を組み、膝を90度くらいにした姿勢で仰向けになる。反動を使わずに、みぞおちを意識しながら、息を吐きつつ上半身を丸めていく。従来の腹筋強化運動と違い、起き上がる必要はない。プレートをもっと強化されやすいが、初心者は無理せずプレートなしで。

**初心者**：プレートなしで、ゆっくりとした動作を心がける。2～3秒で丸まり、同じくらいで身体を戻していく。頭の上下運動にならないように気をつける。

**中・上級者**：できればプレートをもち、1秒で上げて2秒でおろす意識で。

（6）腕部のフリーウェイトトレーニング

⑫バーベル・ダンベルアームカール（図6－05⑫）

バーベル（ダンベル）を両手にもち、姿勢はまっすぐに。肘を軽く曲げておく。肘の位置を動かさないようにしながら、ダンベルを息を吐きつつ持ち上げる。背中を反らして反動をつけながら持ち上げないように注意する。元へ戻すときは負荷を感じながらゆっくりと行う。

**初心者**：マシンで十分に慣れてから。安定性が低いので無理をしない。

**中・上級者**：肘の関節に対するストレスを考慮しながら計画的なトレーニングを。

## チューブ、バランスボールなどでの筋力トレーニング

チューブやバランスボールを使ったトレーニングは、ドイツで考案されたものが多い種目で、もともとはリハビリ用として使われていました。特徴としては、ゴムやボールの弾性力や反発力が最大限利用できるので、負荷の向きや強度を手軽に自在に変更できることです。若干使用方法が難しいので、インストラクターに教わりながらトライしてください。ここでは具体的な方法はご紹介しません。

## 自体重トレーニング

文字通り、自分の体重だけを利用した筋力トレーニングです。ジョギングやマラソンなどの強化策としても、よく行われています。道具もマシンもいらないので、簡単に行えます。スクワット、プッシュアップ（腕立て伏せ）、腰ひねりなどは手軽に行えます。自宅でできるトレーニング（第4章4－5）はすべて自体重トレーニングなので、そちらを参考にトライしてみてください。フォームはフリーウェイトとあまり変わりありませんが、正しいフォームを心がけて行わないと、怪我につながりますので注意しましょう。

## 初心者がメニューを作る上での留意点

初心者の筋力トレーニングメニューでは、少ない種目・時間で、大きな効果を得られる種目の選択をします。マシントレーニングは、一度に大きな筋肉を多く使う動作で全体を鍛えることができるので、初心者に向いています。これらを中心に取り組みます。

・回数、重さ、セットなど

8～10回目が「きつい」と感じる重さを設定します。ただ、フォームが崩れぬよう、図を参考に正しいフォームで、ぎりぎり10回程度できる重さを決めましょう。10回1セットをまずは目安に。慣れてきたら2セットに増やします。全体で30分以内に終わるようにします。

・頻度

はじめの1～2ヵ月は最低でも週に1度は実践を。ジムに行けない場合は、自体重でのスクワットや腹筋運動だけでもかまいません。

・動作の速度

基本的には、ゆっくりと。「筋肉を使っている」と感じながら動かすようにすると、効果は高まるので、あせらず行うようにします。

・呼吸

動作中は呼吸を止めないようにしてください。押す動作、曲げる動作時に息を吐くと、リズムがとりやすいでしょう。

・休息時間

種目の間の休息は、長すぎても短すぎても好ましくありません。長くても1分半までを目安にしてください。

・中級レベルに進むタイミング

週に2〜3回のトレーニングを積んでいる方は、3〜5ヵ月くらいで次のステップへ移行しましょう。週に1回のトレーニングであればその倍程度かかります。

## 目的別初心者メニュー

（1）全身筋力アップトレーニング

・初めて筋力トレーニングを行い、総合的に筋力を少しずつアップさせていきたい場合のトレーニングメニューです。

・8回ぎりぎりできる重さ（最大筋力の80％くらい）を測定し、1セットずつ、最初の1ヵ月は週1〜2回、を目安に行います。2ヵ月目に入ったら、10回ぎりぎりできる重さを設定し、セット数を2セットに上げ、インターバルを若干短めにします。

・マシントレーニングの①、④、⑤、⑦、⑧、⑨の順序で行う。インターバル2〜3分くらいを目安に。
・3ヵ月目前後で、フリーウェイトの⑩または⑪を入れていくとよいでしょう。2セットを目安に。腹部を強化して次のステップへつなげます。

(2) 逆三角形を目指した上半身強化トレーニング

・肩だけでなく、背中を鍛えることもポイントです。脚部もレッグプレスで忘れずにトレーニングしましょう。上体のトレーニングばかりしていると下腿部がおぼつかなくなり、身体の安定性をはかることができません。
・10回ぎりぎり行える重さ（最大筋力の60〜70%）を設定し、2セットずつ行います。2ヵ月目に入ったら、足の種目以外、12回ぎりぎり行える重さへ。セット数は3ヵ月目以降に入ったら3セット行います。
・マシントレーニングの①、②、③、⑧、⑪、⑤の順に。インターバル1分半前後を目安に。
・3ヵ月目前後で、フリーウェイトの①、④を指導者の下で10回1セットを目標に行います。

(3) 引き締まった足をつくる下半身強化トレーニング

・大きな筋肉なので、オーバートレーニングに陥らないように気をつけます。
・12～15回を「もう少しできるかな」というくらいでの重さ設定をします（最大筋力の50％前後だとこのくらい行えます）。初めの2ヵ月は1セットで。それ以降は2～3セットに上げていきます。
・マシントレーニングの⑤、⑥、⑦、⑨、①、③の順に行いましょう。インターバルは1分くらいで抑えます。
・3ヵ月目に入るころに、指導者の下で、自体重でのスクワット、あるいはごく軽い負荷でのフリーウェイト種目の⑤と⑦を行います（12回1セット）。

## 中級者がメニューを作る上での注意点

流れは初心者とほぼ同様ですが、時間はセット数や回数などが増え、重さも増してくるのでやや長くなります（40～60分）。動作速度や姿勢を少しずつ考慮に入れていくと、スポーツスキルなどにも活きてくることでしょう。
・目的とする動作に合わせ、トレーニング方法を選択していくのが中級以降の課題にもなります。身体を大きく動かしつつ、強くてしなやかな身体づくりを目指してください。
・マンネリ化を防ぐためにも2ヵ月半くらいでトレーニングメニューを見直しながら、変化をつけていきましょう。

・同じ筋肉群を鍛える場合でも、チューブトレーニングやバランスボールトレーニングなどの動作を加えることで、変化をつけることができます。

・フリーウェイトがメインとなります。可動域を広くつかうことでよりステップアップした筋力やパワーの獲得につながるからです。怪我のないように気をつけましょう。

## 目的別中級者トレーニングメニュー

(1) 全身筋力アップメニュー

・フリーウェイトをメインに行います。週に3回程度実施を。

・6～8回をぎりぎりできる重さを設定し、2～3セット実施します。

・初めの3ヵ月で筋力アップが図られた場合は、筋力測定をし直し、8～10回をぎりぎりできる重さに変更します。

・フリーウェイトトレーニングの①、③、⑤、⑥、⑧（バーベル）、⑨、⑪を順に行います。インターバルは1分半前後で。

・補強運動として、マシントレーニングの⑤、⑦、④を10回1～2セットを行います。重さは12～15回が軽くできる程度の重さ（最大筋力の40％前後）に設定します。

（2）逆三角形をつくる上半身強化トレーニング

・週に3回程度実施します。

・インナーマッスルも鍛えるために、ダンベル、バーベルのみならず、チューブなども使用するとよいでしょう。

・動作のポイントをおさえ、大きく動かすことを常に意識します。

・初めの3ヵ月は8〜10回をぎりぎりできる重さに設定し、3セット実施します。

・上半身トレーニングがメインですが、脚部もしっかりとトレーニングすることで、身体全体の安定がより強化されます。

・フリーウェイト種目の①、③、④、⑥、⑧、⑪、⑫を順に行いましょう。⑥は10回1セットでかまいません。インターバルは1分半程度に。

・補強運動として、マシントレーニングの②、③、⑩、⑪を8〜10回1〜2セット行います。

（3）くびれのあるウエストづくりトレーニング

・腹部のトレーニングを中心に行いますが、背部のトレーニングも同時に行います。週に4〜5回程度実施を。

・ジムに行けないときは、自宅でも補強運動やストレッチで運動を。
・マシントレーニングの⑨を20回1セット、フリーウェイトの④、⑨、⑩、⑪を20～30回をこなせるような重さを設定（最大筋力の30％くらい）し、2～3セット実施します。きついときはすべて1セットでもかまいません。インターバルは1分程度に。
・補強運動として、フリーウェイトの⑤を10回1セット行いましょう。

（4）シャープなヒップと締まった脚部づくりトレーニング

・フリーウェイトの⑤、⑥、⑦、⑨、を30～50回をこなせるような重さを設定（最大筋力の30％前後くらい）し、2～3セット実施します。週に2～3回程度を目安に。
・補強運動として、マシントレーニングの⑤、⑦、⑨を10回1～2セット行いましょう。
・脚部の持久性トレーニングは少々きついので、インターバルは2～3分程度おいてもかまいません。
・フォームにくれぐれも注意し、回数が多くても筋肉への意識を忘れないようにします。

## 上級者の筋力トレーニングメニューのポイント

上級者メニューは、その人の目的によってプログラムを多角的に組む必要があります。

筋肉をより大きくしたい方、水泳やマラソンなどジム運動のパフォーマンスに大きく貢献するトレーニングをしたい方、パワーリフターのように重い重量を素早く持ち上げられるようにしたい方、メリハリのある美しい身体を手に入れたい方など、それぞれの目的でメニューは大きく異なるでしょう。実際のメニューは大変幅広いものなので、インストラクターなどと相談しながら、より目的に沿う形でトライしてください。

## 6-4 ウォーキングの実践

### ツイストウォーキング→ウォーキングの実践

ウォーキングを実践するには、まずツイストウォーキングをマスターしましょう（図6-06）。

まず、左側の肩甲骨を背中の中心に向かってぐっと引きます。このとき同じ左側の骨盤を前方へ回旋させます。はじめは意識的でぎこちないかもしれませんが、これを何度も繰り返していると、骨盤の動きにあわせて足がスムーズに自然と出ます。両者がなめらかに動くためにも、後々

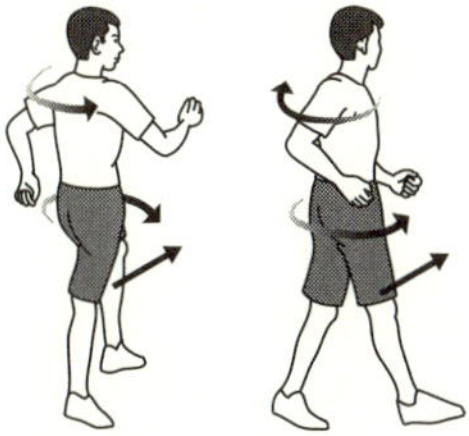

図6-06　ツイストウォーキング

背すじを伸ばし、おなかに力をこめる。腕は大きく前に振る。つま先は上向きで、地面を強く蹴る。着地はかかとから

図6-07　基本的なウォーキング時のポイント

のウォーキングが快適になるためにも、ぜひマスターしましょう。

ツイストウォーキングで腰から下を動かすことが楽に感じるようになってきたら、ウォーキングへと入ります。身体の中心部（体幹）に意識を自然と向けられるようになったら、できるだけ背すじを伸ばして前をまっすぐ見て、おなかも意識しましょう。つま先でしっかりと地面を蹴ったら、かかとから着地します（図6－07）。

## ウォーキング運動メニュー

初心者であれば、まずは無理なく心地よく歩くことを主眼にお

| | 速度(強度) | 合計所要時間 | 運動頻度 | メモ |
|---|---|---|---|---|
| 第1週目 | 自分の歩きやすいペースで | 5分・7〜8分・3分 | 週に2〜3日程度 | ・のところで心拍数計測か休憩あり |
| 第2週目 | 自分の歩きやすいペースで + 早歩き | 5分(普通歩き)・7〜8分(早歩き)・5分(普通歩き) | 週に3日程度 | ・のところで心拍数計測か休憩あり |
| 第3週目 | 自分の歩きやすいペースで + 早歩き | 5分(普通歩き)・10分(早歩き)・5分(普通歩き) | 週に3〜4日程度 | ・のところで心拍数計測か休憩あり |
| 第4週目 | 自分の歩きやすいペースで | 7〜8分・10分・5分 | 週に4〜5日程度 | ・のところでの休みは短めに |
| 第5週目 | 自分の歩きやすいペースで + 早歩き | 5分(普通歩き)・10分(早歩き)・7〜8分(普通歩き) | 週に3〜4日程度 | ・のところでの休みは短めに |
| 第6週目 | 自分の歩きやすいペースで + 早歩き | 7〜8分(普通歩き)・12分(早歩き)・10分(普通歩き) | 週に3〜4日程度 | 早歩きのペースを5週目よりアップ |
| 第7週目 | 自分の歩きやすいペースで + 早歩き | 15〜18分(早歩き)・10分(普通歩き) | 週に3日程度 | 早歩きは無理をせず継続を心がける |
| 第8週目 | 自分の歩きやすいペースで | 20〜30分 | 週に3〜4日程度 | 歩き続けることを目標に。速いペースがよければ、それでもOKだが無理せずに |

**表6-01　初心者ウォーキング運動メニュー**

| | 速度（強度） | 合計所要時間 | 運動頻度 | メモ |
|---|---|---|---|---|
| 第1週目 | 自分の歩きやすいペースで | 8分・10分・8分 | 週に3日程度 | ・のところで心拍数計測か休憩あり |
| 第2週目 | 自分の歩きやすいペースで ＋ 早歩き | 10分（普通歩き）・10分（早歩き）・5〜6分（普通歩き） | 週に3日程度 | ・のところで心拍数計測か休憩あり |
| 第3週目 | 自分の歩きやすいペースで ＋ 早歩き | 12分（普通歩き）・15分（早歩き）・10分（普通歩き） | 週に3〜4日程度 | ・のところでの休みは短めに |
| 第4週目 | 自分の歩きやすいペースで | 12分・20分・5分 | 週に4日程度 | ・のところでの休みは短めに |
| 第5週目 | 自分の歩きやすいペースで ＋ 早歩き | 10分（普通歩き）・15分（早歩き）・10〜15分（普通歩き） | 週に3〜4日程度 | ・のところでの休みは短めに |
| 第6週目 | 自分の歩きやすいペースで ＋ 早歩き | 10分（普通歩き）・15分（早歩き）・15分（普通歩き） | 週に3〜4日程度 | ・で休憩せずに心拍数のみ計測 |
| 第7週目 | 自分の歩きやすいペースで ＋ 早歩き | 15分（普通歩き）・20分（早歩き）・10分（普通歩き） | 週に3日程度 | 継続を心がけて |
| 第8週目 | 自分の歩きやすいペースで ＋ 早歩き | 20分（普通歩き）・20分（早歩き）・25分（普通歩き） | 週に4〜5日程度 | 歩き続けることを目標に。すべて速いペースがよければ、それでもOKだが無理せずに |

**表6-02　中・上級者ウォーキング運動メニュー**

き、姿勢に気をつけながら実行しましょう。表6－01は、「ウォーキング初めの1ヵ月メニュー」です。

これで物足りない方は、歩幅（ストライド）やスタンスに丁寧に気を配る、距離や時間、ピッチなどをレベルアップしていく、などして調節を。そして中・上級者メニューにも挑戦してみましょう（表6－02）。これは約2ヵ月間のメニューとなっていますが、足腰の強化を含めた、ウォーキングイベントなどにも参加することを視野に入れて作成したものです。

## 6－5　ランニングの実践

### ランニングの基本

ランニングはただ走ればいい、というものではありません。効果的に走るためには、実践する前にフォームを確認し、疲れたときの対処法なども覚えておきましょう。怪我の予防にもなります。

①フォームの意識

歩くことは得意だが、走りはなぜかすぐに疲れて姿勢が乱れてしまう、という方は以下の項目について、鏡を見ながら確認をしましょう。

・目線：まっすぐ。疲れてくるとあごが上がりがち。
・腕振り：肘が身体より前に出ないように。「肩甲骨を引くから腕が振られる」ように。
・下腹部へ力を：ランニングは身体が宙に浮くのが特徴。下腹部に意識をもつことを心がけて。
・骨盤の前傾維持：疲れて背中が丸くなる、足元を気にしてつま先で蹴り出す動作を行うと、骨盤が後傾気味になりがち。骨盤の前傾が崩れると疲労が増すことにもつながるので気をつけて。

②片側の足でまっすぐ着地

ランニングは、空中にある足を片足で着地させる反復動作です。そのため、着地時には片足で全身を支えることが必須です。体重50kgの人が片足でその着地衝撃を受け止める際にはその3～4倍の重さ、つまり150kgがかかることに。よって着地時はバランスを崩さずまっすぐ着地することが重要です。着地時に静止し、下腹部とおしりの筋肉をたたきます（図6-08）。

③疲れたとき（図6-09）

力が抜けていないかどうか確認をしてください。

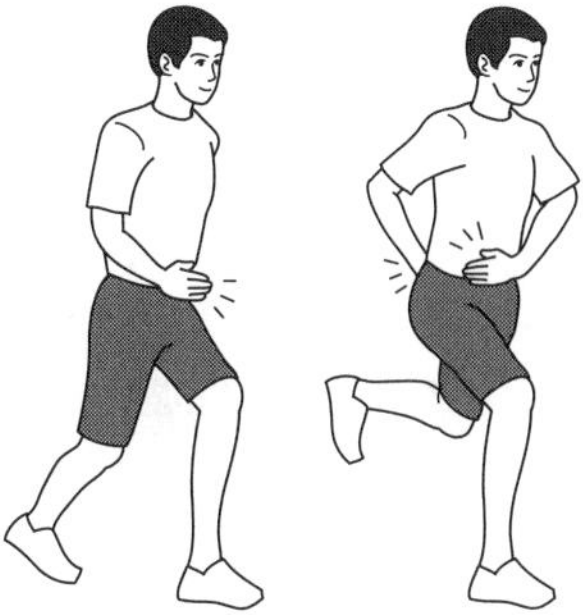

**図6-08　着地に気をつけて**

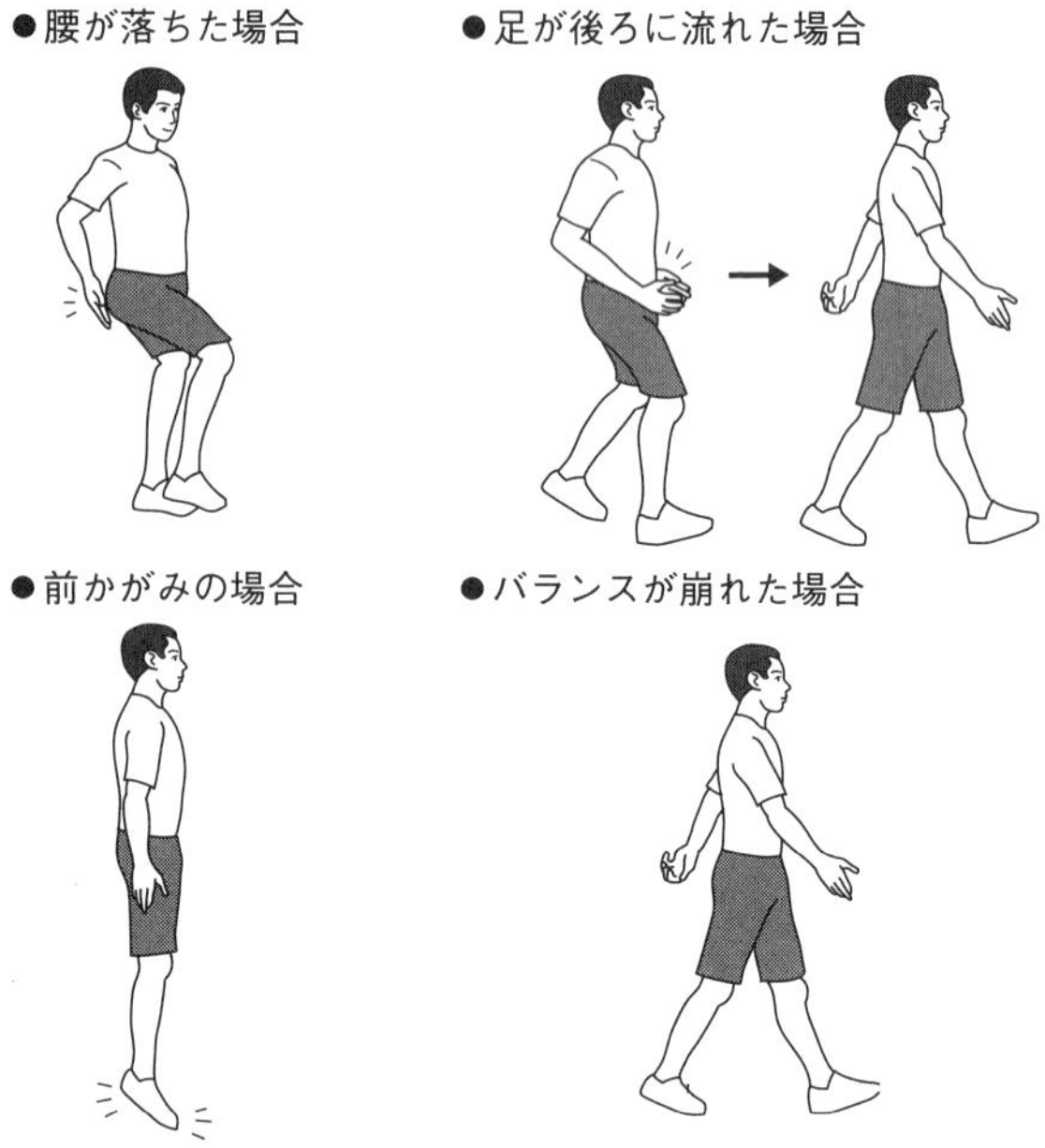


図6-09　疲労を感じたときに確認を

・腰が落ちてしまう

骨盤の後傾が原因。重心が後ろにあるため、身体を前に運ぶ上で余計な力を加えてしまいがちです。こんなときはおしりをポンポンとたたきながら、おしりに緊張感をもたせましょう。

・不自然に前かがみになる

その場でまずはジャンプを。疲れていたら少し休憩し、その後ウォーキングをしながら姿勢を整えていきます。

・足が後ろへ流れてしまう

骨盤の回旋が行われず、足の力だけで蹴って前に進んでいる状態です。おなかの下をポンポンとたたきながら力を入れ、骨盤の回旋と肩甲骨の捻りを意識してしばらくウォーキングへ移行します。
・バランスが崩れてしまう
疲労を感じると、どうしても利き足が有利に働いてあごも上がりやすくなるものです。一度全身脱力、ウォーキングで立て直しをはかりましょう。

## ランニング運動メニュー

まず基本的な流れとして、ウォームアップストレッチング（基本的なストレッチング全身＋動的ストレッチング）7〜10分程度↓ウォーキング（ツイストウォーキング含む）5分程度↓実際のランニング（初心者は10分程度からスタート、中・上級者は目的に合わせて）↓丁寧なクーリングダウン、という形ですすめていきます。
①初心者メニュー
どちらのタイプも、継続により、身体機能が向上します。
・ちょこちょこタイプ
一日10分以上を目安としたランニングとウォーキングのメニュー。これは回数が増えることで全体的な代謝アップを狙います。

月：ウォーキング30～40分＋ランニング5分程度
火：ウォーキング15分＋ランニング10分前後×2セット
水：休憩日
木：ウォーキング20分＋ランニング7～8分程度
金：ウォーキング10～15分＋ランニング7～8分程度
土：ウォーキング10分前後＋ランニング10～15分程度×2セット
日：休憩日（ストレッチング運動や補強運動のみ）

・集中タイプ

週に2～3回、2～6㎞程度（25～60分くらいのランニングとウォーキング）から開始します。距離が徐々に増えていくので心肺機能の向上が効果として現れやすくなります。月あたり20～30㎞あたりが目安となるでしょう。

月：ウォーキング10分＋ランニング10～15分程度
火：ウォーキング5分＋ランニング10～20分程度

水：休憩日（ストレッチング運動や補強運動のみ）
木：ウォーキング15分＋ランニング20分程度
金：ランニング30〜40分程度をゆっくりと
土：休憩日
日：ウォーキング10分前後＋ランニング15〜20分程度

②中級者メニュー

初心者メニューが物足りなく感じたら、中級者メニューへ。できるだけ距離を延ばしながら、ゆっくりと長い時間を走ることを目標に。この段階で慣れてくれば、ある距離を設定し、走りに強弱をつけて自分に合ったスタミナ配分を考えていくことも考慮にいれます。月あたり50〜100㎞が目安になります。

月：ウォーキング60分もしくは30分ランニング
火：筋力トレーニングやストレッチング運動などで補強トレーニングを
水：7〜8㎞近くを自分のペースで（慣れればスピードに強弱をつける）
木：ウォーキング30分＋ランニング20〜30分

金：60～90分程度（10㎞近く）を自分のペースでゆっくりと長く走る
土：筋力トレーニングやストレッチング運動などで補強トレーニングを
日：7～8㎞近くを自分のペースで（慣れればスピードに強弱をつける）

③上級者メニュー

上級者では、「長い時間・長い距離を走る日」と、「全速から7～8割程度の速さで走る（維持可能な速さであること）」のサイクルをつくります。

このレベルでは歩幅を測定し、どんな歩幅で走っているか、どの歩幅だと自分のベストが出せるのかを割り出していくと、その後の走りがよりスムーズになります。そして、長い距離を走るので、呼吸にも少し気を配ってみましょう。基本は「リズムを崩さないこと」と「吐くことに意識」です。月あたりの目安は150～200㎞くらいになります。

月：ウォーキング40分前後もしくは30分ランニング　5～7㎞前後
火：筋力トレーニングやストレッチング運動などで補強トレーニング
水：ランニング60分前後を自分のペースで　10㎞前後
木：ウォーキング30～45分＋ランニング10分　7㎞前後

金：全力の７割程度の力で30分走る　５～７km前後
土：90～１２０分程度の長い距離、時間をかけて走る　20km前後
日：ランニング60分前後を自分のペースで　10km前後

## ６－６　水中トレーニングの実践

### 水泳はクロールがメイン

水中トレーニングには水泳と水中ウォーキングがあります。

水泳の４泳法の中で、もっとも普及している泳ぎがクロールでしょう。足はバタ足で左右交互に動かしてキックする泳法で、比較的簡単で長く泳げますので、心肺機能を高めるには適しています。ここでは、泳げない方へ向けた「泳ぎ方」については省略します。ジムではレッスンコースが組まれている場合が多いので、泳げない方は積極的にご参加ください。

## 水中ウォーキングの実践

まずは、第3章3－2の姿勢のポイントを確認しましょう。そして、実際の歩きに入ります。水の抵抗をよく感じながら、力強く歩いてみてください。ウォーキングコースが設けられていれば、できるだけダイナミックに動きましょう（図6－10）。

①水中横歩き

おしりの筋肉を引き締める効果がある歩き方です。背筋を伸ばし、進行方向に向かって身体の側面を向けて立ちます。片足をゆっくりと真横に広げ、膝を曲げながら腰を落としていきます。そのまま2～3秒静止したら、今度は素早く足を閉じるように。両腕もこのとき同時に開いて閉じる、をリズミカルに行いましょう。プールの片道は、右側を前に向け、帰りは左側を前にして戻ります。

②水中後ろ歩き

背中の脂肪を落とす効果があります。まず、進行方向に対し、後ろ向きに立ちます。そのまま、片足を後ろへゆっくりと蹴りだしていきます。この足が着地するときに腰を落とし、軽く膝を曲げます。後ろに進むと同時に、両手を自分の前へ出してみましょう。陸上で行うよりもずっときついので、その効果を実感してみるとよいでしょう。

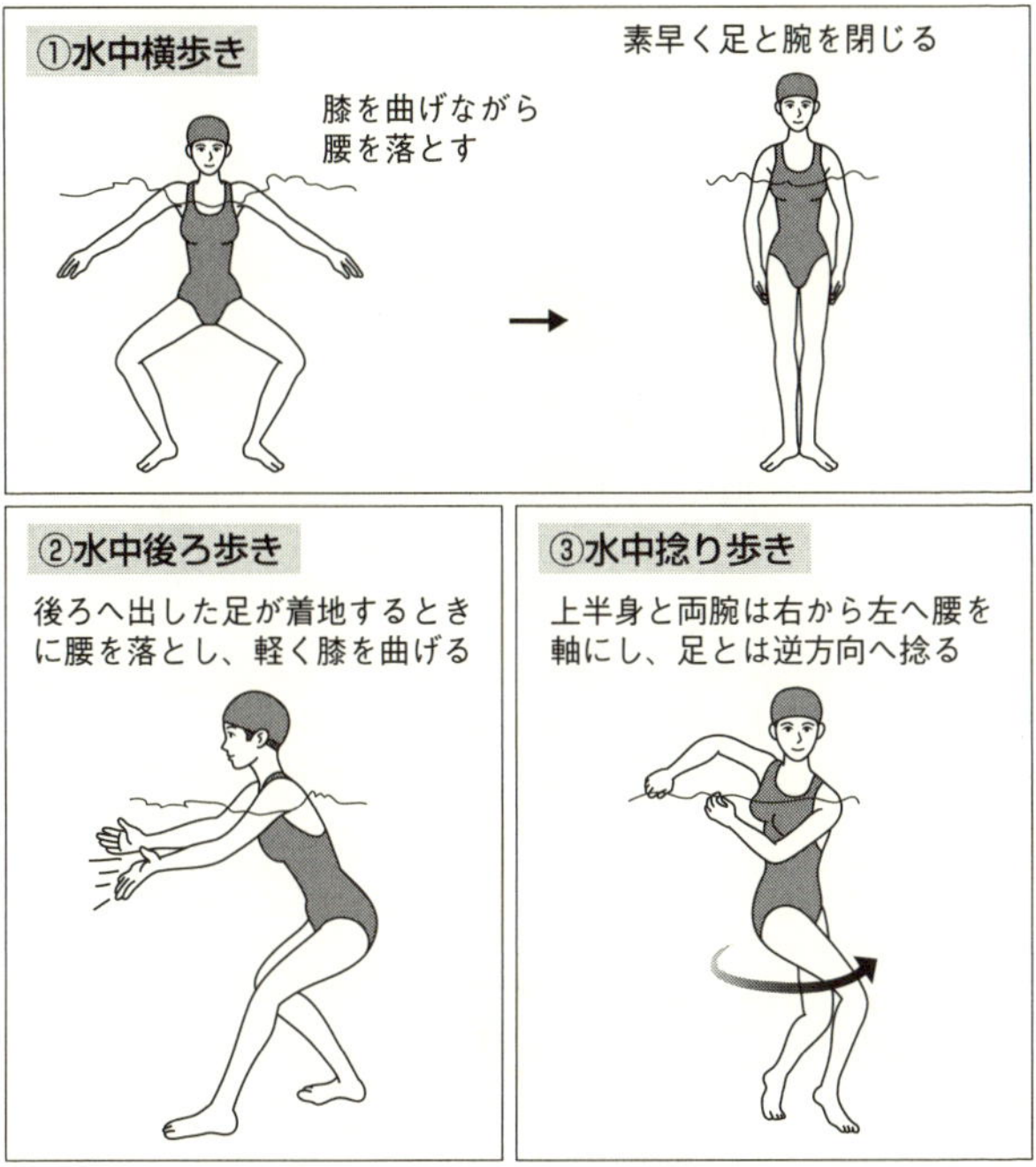
①水中横歩き
膝を曲げながら
腰を落とす
素早く足と腕を閉じる
②水中後ろ歩き
後ろへ出した足が着地するとき
に腰を落とし、軽く膝を曲げる
③水中捻り歩き
上半身と両腕は右から左へ腰を
軸にし、足とは逆方向へ捻る

**図6-10　水中ウォーキング**

③水中捻り歩き

腰痛の改善に効果があります。腰を捻りながらの歩きです。足を大きく側面から「あえて」回しながら前へと進みます。その際、上半身と両腕は右から左へ腰を軸にし、足とは逆方向へ捻ります。今度は反対回転で前へ。初めて行う場合はゆるやかに軽く行って動作を身につけます。そして感覚がつかめるようになったら、力をこめて強く回す、などの動きを加えます。しっかり歩けるようになると、陸上では腰が楽に感じられるようになるでしょう。

# 6－7 ヨガ、ピラティスの実践

## 目的別のヨガ

ここでは、改善したいポイントや気になる部位を集中的に運動するというような、目的に合ったヨガ、ピラティス運動をご紹介します。ジムスタジオによってはさまざまな連動プログラムが提供されるでしょう。

ジムでの一連の流れをすべて覚えることは大変なことですから、ジムで実施したあの動きがこれか、とわかるように一部を抜き出しました（図6－11）。

（1）体側のこりほぐし、腰痛改善・予防

①トライアングル

足を90～120cmくらいに大きく広げ、左つま先を外側、右つま先をやや内側に向ける。骨盤

**図6-11　目的別のヨガ（5種）**

の向きを斜めにしながら、右手を天井に上げて左手は脛に添えるようにして身体の横を伸ばす。床、正面、天井と目線を移しながら息を吐ききるまで伸ばす。目安は10秒前後。反対も同様に実施。最低1回ずつ。余裕があれば3回。

②フォワードベンド

床に尾てい骨を強くつけるイメージ。足を110度くらいにまで大きく開く。そこまで開かない方はできるだけ。つま先を上げ、指を開くイメージで、かかとから太ももまでが床につくようにする。両手を後ろの床につけて息を吸い、身体を支えながら背骨を伸ばす。次に、息をゆっくり大きく長く吐きながら、床につけた両手を前方へ移動させ前屈。おなかの力を使って前にかがむ。起こす、前屈を2回繰り返す。開脚が難しい場合は、足を閉じて行ってもよい。

（2）仕事やスポーツなどで集中力が高まる運動

③ツリー

足を開き、右足の足裏を左足につけながら、太ももへとゆっくり移動させる。両手を合わせて祈るようなポーズ。親指は胸骨につけて。息を吐きながら10秒間は維持。次に、息を吸いながら両腕を頭上に伸ばし、両手を合わせたまま姿勢を維持する。吸いきったら息を吐いて。20秒程度キープするように意識する。

（3）胃腸の働きを活発にして身体をしなやかにする運動

④ブルーシートツイスト

ヨガの有名なポーズのひとつ。一方の足の膝を曲げて甲が床に触れるようにして座る。もう一方の足は、膝を立てて反対側の足と交差させる。骨盤をまっすぐ前方へ向けることを意識する。立てた膝は、身体の中心に。足の裏を床から離さないように気をつけながら、立てた膝を反対側の腕で支え、腰から上を捻る。10秒ほど息を吐きながら。反対側も同様に。

## 目的別のピラティス

こちらも、ジムで実施される内容の一部を抜き出しました（図6－12）。

（1）ヒップラインを引き締めながら骨盤を安定させる

①ロッキング

うつ伏せの状態で、膝を曲げて両足首を両手でつかみ、上体をゆっくりと持ち上げていく。このとき息を吸いながら、を心がけて。同時に、両手でつかんでいる足首を上へ引き上げて、太ももを床からはなす。背中が反った状態で息を止めて2～3秒この姿勢を保ったら、息を吐いて両

①ロッキング

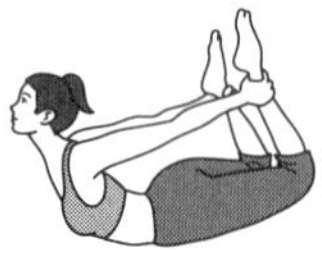

②ショルダーブリッジ

③ダブルレッグストレッチ

図6-12　目的別のピラティス

手を足首から離し、元へ戻る。10回繰り返す。

②ショルダーブリッジ

仰向け姿勢で膝を立てた状態でスタート。息を吐きながら尾てい骨から肩甲骨のあたりまで上体を持ち上げる。上体が上がった状態で5秒静止。静止しているときには息を吸う。さらに余裕があれば、息を吐きながら骨盤が上がった状態のままつま先を5回床から立てる。反対足も同様に。つま先を立てた後に、息を吐きながら身体を床へ戻していく。3～5回繰り返す。

（2）背骨をしなやかにしながら腹筋の強化をねらう

③ダブルレッグストレッチ
仰向けに寝て、膝を90度に曲げて腰の真上に来るようにする。手は膝の横につける。腕と足を同時に動かし、V字を作るように伸ばしていく。このとき息を吐きながら。体幹部分はぶれないようにし、肩甲骨を安定させる。その後、身体の外へ円を描くようにして回し、元の位置へ戻す。これを10回繰り返す。

（3）全身バランス強化と二の腕引き締め運動

④プッシュアップ
直立した姿勢から背骨を丸めるようにして床へ両手をつく。両手を歩かせるようにして前に出し、腕立て伏せの姿勢をとる。腕を伸ばしたままおなかに力を入れ、息を吐きながら首筋から足までが一直線になるようにする。その後、腕立て伏せの姿勢で、肘を曲げて伸ばす、を5回繰り返す。息を吸いながら身体を下げて、吐きながら上げる。あまり深く曲げないよう、3秒ほど息を吐きながら静止。次に手と足を、息を吸いながら近づけ、腰から徐々に息を吐きながら身体を起こしていく。このプロセスを最低1回。余裕があれば2～3回実施。

## 実践の注意点など

どちらの運動も用意するのは動きやすいウェアだけですが、あまり締め付けの強い下着やウェアを着ていると、動きが鈍くなります。

できれば週に1～2回は定期的に実践することをお勧めします。身体は元へ戻る力がとても強いため、慣れない動きや初めての動きを脳内で覚え、インナーマッスルにスイッチを入れ、独特の呼吸法や動きをマスターするのはとても大変なことです。定期実践で身体の変化を感じ取りましょう。ジムによっては50代からのピラティス、中高年ヨガなど、メニューの多様化が進んでいます。

## 6-8　スロー&クイックトレーニングの実践

### 休息が大切

爆発的な力の発揮とゆっくりトレーニングの組み合わせで、化学的ストレス・物理的ストレスの両者を筋肉へ与えます。ただし、無理をしすぎると、筋肉の超回復が間に合わなくなるので（第2章2-2）、中2～3日はあけるようにしてトレーニング継続を。

## 引き締まったウエストづくりトレーニング（図6－13）

①クイックツイストクランチ（左右10回。30～50％の力で）
右手を頭の後ろへ、左手をおなかへ。膝を曲げて背中からおしりを浮かせた状態に。ここからおしりを落としてその反動で一気に起き上がる。右肘を左膝に向かわせるように。

②スローツイストクランチ（左右10回）
両手を組んで、頭の後ろへおく。膝を曲げて、視線を膝に向ける。上体を捻りながら丸めこむ。3秒かけて上げて、3秒で下ろす。片方ずつ、あるいは右だけ10回など、やり方はどちらでも。

③スローサイドベンド（左右10回）
片手を後頭部におき、反対側の手のひらを倒す方向へ向ける。ゆっくりと上体を片側へ倒したら3秒間止める。前傾しないようにしながら、反対側も同様に身体を倒す。ゆっくりとじわじわ効かせるイメージで。3秒静止、3秒で戻す。

## しなやかで強い足づくりトレーニング（図6－14）

①クイックワイドスクワットジャンプ（10回　30％の力で5回、50％の力で5回）

図6-13　引き締まったウエストづくりトレーニング

図6-14　しなやかで強い足づくりトレーニング

ウォーミングアップを入念にしてから行う。スタンスは広めに。両腕を頭上高く伸ばし、背中を反らせた格好から勢いよくしゃがみこむ。このとき、腕を勢いよく振りおろすこと。深くしゃがみこんだら、その反動で一気に高く跳躍し、また勢いよくしゃがみこむ。

②スローワイドスクワット（ゆっくり10回）

足を開き、スタンスは広めに。両手は頭の後ろへ。膝を深く曲げ、太ももと床とが平行になるくらいに腰を落とす。ゆっくりと膝を伸ばしていき、伸ばしきらない程度でとめる。力を抜かないよう、緊張を保ってキープし、また曲げるの繰り返し。3秒かけて上げ、3秒かけて下ろす。

③スローカーフレイズ（10回）

足は少し開き、かかとを少し床から浮かせた状態で軽く壁や台に手をつける。足首をゆっくりと伸ばし、つま先立ちの姿勢をとり、キープ。このとき、限界まで伸び上がるように意識する。3秒かけて上げ、3秒かけて下ろす。

**ジム運動・スポーツパフォーマンス力を高めるトレーニング（図6－15）**

①バウンディング（左右交互に10回ずつ　50％の力で10回）

着地した勢いを反動に利用して、左右交互に思い切り飛ぶ動作の繰り返し。腕の振りなども使い、大股でジャンプを。

図6-15　ジム運動・スポーツパフォーマンス力を高めるトレーニング

④ハンマーツイスト

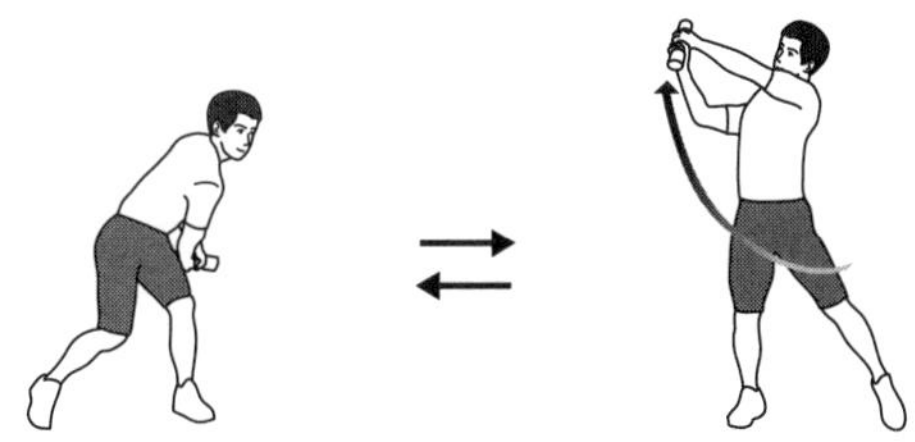

⑤スローノーマルスクワット

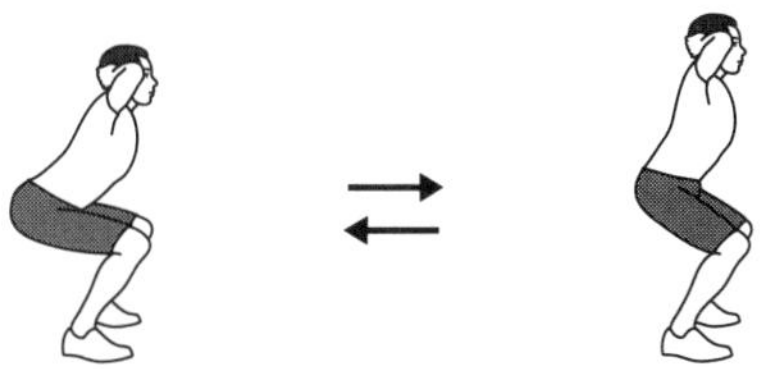

②タックジャンプ（リズミカルに10回　50%の力で）

しゃがみこんだら腕を振り、その反動を利用して、その場でできるだけ高くジャンプする動作の繰り返し。ジャンプ中に膝を曲げ、膝頭を両手でポンとはたく。

③スタンドアッププッシュアップ（10回）

腕立て伏せから立ち上がる動き。腕を伸ばすときに、力いっぱい床を押して立ちあがる。おしりにも緊張感をもたせて。中腰で止まる。全身のバランス、タイミングを捉えながら。

④ハンマーツイスト（左右10回　50%の力で10回）

斜め下から逆側の斜め上へと身体を振り上げる動き。できればダンベルをもって。膝↓腰↓体幹↓腕、の順番に、下からスイングを振り上げるように。勢いよく実施。

この①~④の動きを一連のものとして連続的に実践する。ウォーミングアップは入念に行う。

⑤スローノーマルスクワット（10回）

肩幅より少し広めのスタンスで立ち、太ももが床に平行になる程度に膝を曲げる。背筋を伸ばしたまま、ゆっくりと膝を伸ばしていき、伸ばしきらないところで止める。3秒で上げて3秒で下ろす。

## 参考文献（年代順）


Exercise Physiology（Ed. H. B. Falls, Academic Press, 1968）
身体運動学概論（浅見俊雄編　大修館書店　一九七六年）
スポーツとスキル（宮下充正　大築立志　大修館書店　一九七八年）
生理学テキスト（伊藤政男他　医学書院　一九八〇年）
歩きの科学―なぜ頭とからだによいのか？（藤原健固　講談社ブルーバックス　一九八八年）
「たくみ」の科学（大築立志　朝倉書店　一九八八年）
Swimming Even Faster（Ernest W. Maglischo, Mayfield Publishing Company, 1993）
月刊フィジーク（サニーサイドアップ　一九九四年十月号、二〇〇〇年四月号）
運動するから健康である（宮下充正　東京大学出版会　一九九五年）
ウォーキングと水中ウォーキング（池田克紀監修　家の光協会　一九九九年）
目でみる動きの解剖学（ロルフ・ヴィルヘード　金子公宥他訳　大修館書店　一九九九年）
運動する人がやせる・たくましくなる食事（杉浦克己　ハートフィールド・アソシエイツ　二〇〇〇年）
Stretching（Bob Anderson, Shelter Publications, 2000）
日本人の誰もが泳げるようになる本（鈴木大地他　中経出版　二〇〇〇年）
みんなのレジスタンストレーニング（石井直方　山海堂　二〇〇〇年）
ゆっくり走ればやせる（シティランナー編　学習研究社　二〇〇〇年）
簡単ストレッチ（桜井静香監修　家の光協会　二〇〇〇年）
ヒトの動きの神経科学（Charles T. Leonard 松村道一他訳　市村出版　二〇〇二年）
運動科学―アスリートのサイエンス（小田伸午　丸善　二〇〇三年）

参考文献


スロトレ（石井直方他　高橋書店　二〇〇四年）
ヨガ&ピラティス—ほぐして引き締める（高田香代子監修　永岡書店　二〇〇四年）
スポーツ医学研修ハンドブック（日本体育協会指導者育成専門委員会スポーツドクター部会監修　文光堂　二〇〇五年）
体脂肪が落ちるトレーニング（石井直方他　高橋書店　二〇〇五年）
金哲彦のランニング・メソッド（金哲彦　高橋書店　二〇〇六年）
貯筋運動指導者マニュアル（福永哲夫監修　保健同人社　二〇〇六年）
災害時に役立つ!!　読む救急箱（桜井静香他　MCプレス　二〇〇六年）
「体重2キロ減」で脱出できるメタボリックシンドローム（栗原毅　講談社　二〇〇六年）
新版　これでなっとく使えるスポーツサイエンス（征矢英昭他　講談社サイエンティフィク　二〇〇七年）
DVD見ながらできる!　健康ストレッチ（桜井静香監修　西東社　二〇〇七年）
あなたのエクササイズ間違っていませんか?（桜井静香　化学同人　二〇〇八年）
一生太らない体のつくり方（石井直方　エクスナレッジ　二〇〇八年）
ストレッチ・メソッド（石井直方他　高橋書店　二〇〇八年）
体脂肪を減らす、筋肉をつけるスロー&クイックトレーニング（石井直方他　MCプレス　二〇〇八年）
新装版　もっと伸びる!　ストレッチング（伊藤マモル　スキージャーナル　二〇〇八年）
身体トレーニング—運動生理学からみた身体機能の維持・向上（宮村実晴編　真興交易（株）医書出版部　二〇〇九年）

## 【な・は行】



## 【ま・や・ら・わ行】

## 【さ行】



## 【た行】

# さくいん

## 【アルファベット】



## 【あ行】



## 【か行】

N.D.C.780.7　247p　18cm

ブルーバックス　B-1695

ジムに通《かよ》う前《まえ》に読《よ》む本《ほん》

2010年 8 月20日　第 1 刷発行
2022年 9 月 9 日　第 8 刷発行

著者　桜《さくら》井《い》静《しず》香《か》
発行者　鈴木章一
発行所　株式会社講談社
〒112-8001 東京都文京区音羽2-12-21
電話　出版　03-5395-3524
販売　03-5395-4415
業務　03-5395-3615
印刷所　（本文印刷）株式会社ＫＰＳプロダクツ
（カバー表紙印刷）信毎書籍印刷株式会社
本文データ制作　講談社デジタル製作
製本所　株式会社国宝社

定価はカバーに表示してあります。


ISBN978-4-06-257695-6

発刊のことば

# 科学をあなたのポケットに

二十世紀最大の特色は、それが科学時代であるということです。科学は日に日に進歩を続け、止まるところを知りません。ひと昔前の夢物語もどんどん現実化しており、今やわれわれの生活のすべてが、科学によってゆり動かされているといっても過言ではないでしょう。

そのような背景を考えれば、学者や学生はもちろん、産業人も、セールスマンも、ジャーナリストも、家庭の主婦も、みんなが科学を知らなければ、時代の流れに逆らうことになるでしょう。

ブルーバックス発刊の意義と必然性はそこにあります。このシリーズは、読む人に科学的に物を考える習慣と、科学的に物を見る目を養っていただくことを最大の目標にしています。そのためには、単に原理や法則の解説に終始するのではなくて、政治や経済など、社会科学や人文科学にも関連させて、広い視野から問題を追究していきます。科学はむずかしいという先入観を改める表現と構成、それも類書にないブルーバックスの特色であると信じます。

一九六三年九月

野間省一

# ブルーバックス　医学・薬学・心理学関係書（II）

| 番号 | 書名 | 著者 |
|---|---|---|
| 1820 | リンパの科学 | 加藤征治 |
| 1830 | 単純な脳、複雑な「私」 | 池谷裕二 |
| 1831 | 新薬に挑んだ日本人科学者たち | 塚崎朝子 |
| 1842 | 記憶のしくみ（上） | ラリー・R・スクワイア／エリック・R・カンデル　小西史朗／桐野　豊＝監修 |
| 1843 | 記憶のしくみ（下） | ラリー・R・スクワイア／エリック・R・カンデル　小西史朗／桐野　豊＝監修 |
| 1853 | 図解　内臓の進化 | 岩堀修明 |
| 1859 | 放射能と人体 | 落合栄一郎 |
| 1874 | もの忘れの脳科学 | 苧阪満里子 |
| 1889 | 社会脳からみた認知症 | 伊古田俊夫 |
| 1896 | 新しい免疫入門 | 審良静男／黒崎知博 |
| 1923 | コミュ障　動物性を失った人類 | 正高信男 |
| 1929 | 心臓の力 | 柿沼由彦 |
| 1931 | 薬学教室へようこそ | 二井將光＝編著 |
| 1943 | 神経とシナプスの科学 | 杉　晴夫 |
| 1945 | 芸術脳の科学 | 塚田　稔 |
| 1952 | 意識と無意識のあいだ | マイケル・コーバリス　鍛原多惠子＝訳 |
| 1953 | 自分では気づかない、ココロの盲点　完全版 | 池谷裕二 |
| 1954 | 発達障害の素顔 | 山口真美 |
| 1955 | 現代免疫物語beyond | 岸本忠三／中嶋　彰 |
| 1956 | コーヒーの科学 | 旦部幸博 |
| 1964 | 脳からみた自閉症 | 大隅典子 |
| 1968 | 脳・心・人工知能 | 甘利俊一 |
| 1976 | 不妊治療を考えたら読む本 | 浅田義正／河合　蘭 |
| 1978 | カラー図解　はじめての生理学　上　動物機能編 | 田中（貴邑）冨久子 |
| 1979 | カラー図解　はじめての生理学　下　植物機能編 | 田中（貴邑）冨久子 |
| 1988 | 40歳からの「認知症予防」入門 | 伊古田俊夫 |
| 1994 | つながる脳科学 | 理化学研究所・脳科学総合研究センター＝編 |
| 1996 | 体の中の異物「毒」の科学 | 小城勝相 |
| 1997 | 欧米人とはこんなに違った日本人の「体質」 | 奥田昌子 |
| 2007 | 痛覚のふしぎ | 伊藤誠二 |
| 2013 | カラー図解　新しい人体の教科書（上） | 山科正平 |
| 2024 | カラー図解　新しい人体の教科書（下） | 山科正平 |
| 2025 | アルツハイマー病は「脳の糖尿病」 | 鬼頭昭三／新郷明子 |
| 2026 | 睡眠の科学　改訂新版 | 櫻井　武 |
| 2029 | 生命を支えるATPエネルギー | 二井將光 |
| 2034 | DNAの98%は謎 | 小林武彦 |
| 2050 | 世界を救った日本の薬 | 塚崎朝子 |

# ブルーバックス　趣味・実用関係書(I)

35 計画の科学　加藤昭吉
733 紙ヒコーキで知る飛行の原理　小林昭夫
921 自分がわかる心理テスト　芦原 睦/桂 戴作=監修
1063 自分がわかる心理テストPART2　芦原 睦=監修
1073 へんな虫はすごい虫　安富和男
1084 図解 わかる電子回路　加藤 肇/見城尚志 高橋 久
1112 頭を鍛えるディベート入門　松本 茂
1234 子どもにウケる科学手品77　後藤道夫
1245 「分かりやすい表現」の技術　藤沢晃治
1273 もっと子どもにウケる科学手品77　後藤道夫
1284 理系志望のための高校生活ガイド　鍵本 聡
1307 理系の女の生き方ガイド　宇野賀津子/坂東昌子
1346 図解 ヘリコプター　鈴木英夫
1352 確率・統計であばくギャンブルのからくり　谷岡一郎
1353 算数パズル「出しっこ問題」傑作選　仲田紀夫
1364 理系のための英語論文執筆ガイド　原田豊太郎
1366 数学版 これを英語で言えますか?　保江邦夫 E・ネルソン=監修
1368 論理パズル「出しっこ問題」傑作選　小野田博一
1387 「分かりやすい説明」の技術　藤沢晃治
1396 制御工学の考え方　木村英紀
1413 『ネイチャー』を英語で読みこなす　竹内 薫

1420 理系のための英語便利帳　倉島保美/榎本智子 黒木 博=絵
1443 「分かりやすい文章」の技術　藤沢晃治
1478 「分かりやすい話し方」の技術　吉田たかよし
1493 計算力を強くする　鍵本 聡
1516 競走馬の科学　JRA競走馬総合研究所=編
1520 図解 鉄道の科学　宮本昌幸
1536 計算力を強くするpart2　鍵本 聡
1552 「計画力」を強くする　加藤昭吉
1553 図解 つくる電子回路　加藤ただし
1573 手作りラジオ工作入門　西田和明
1596 理系のための人生設計ガイド　坪田一男
1623 「分かりやすい教え方」の技術　藤沢晃治
1629 計算力を強くする 完全ドリル　鍵本 聡
1630 伝承農法を活かす家庭菜園の科学　木嶋利男
1653 理系のための英語「キー構文」46　原田豊太郎
1660 図解 電車のメカニズム　宮本昌幸=編著
1666 理系のための「即効!」卒業論文術　中田 亨
1671 理系のための研究生活ガイド 第2版　坪田一男
1676 図解 橋の科学　土木学会関西支部=編 田中輝彦/渡邊英一 他
1688 武術「奥義」の科学　吉福康郎
1695 ジムに通う前に読む本　桜井静香

1696 ジェット・エンジンの仕組み　吉中 司
1707 「交渉力」を強くする　藤沢晃治
1725 魚の行動習性を利用する釣り入門　川村軍蔵
1773 「判断力」を強くする　藤沢晃治
1783 知識ゼロからのExcelビジネスデータ分析入門　住中光夫
1791 卒論執筆のためのWord活用術　田中幸夫
1793 論理が伝わる　世界標準の「書く技術」　倉島保美
1796 「魅せる声」のつくり方　篠原さなえ
1813 研究発表のためのスライドデザイン　宮野公樹
1817 東京鉄道遺産　小野田 滋
1847 論理が伝わる　世界標準の「プレゼン術」　倉島保美
1864 科学検定公式問題集　5・6級　桑子 研／竹田淳一郎　竹内 薫＝監修
1868 基準値のからくり　村上道夫／永井孝志／小野恭子／岸本充生
1877 山に登る前に読む本　能勢 博
1882 「ネイティブ発音」科学的上達法　藤田佳信
1895 「育つ土」を作る家庭菜園の科学　木嶋利男
1900 科学検定公式問題集　3・4級　桑子 研／竹田淳一郎　竹内 薫＝監修
1910 研究を深める5つの問い　宮野公樹
1914 論理が伝わる　世界標準の「議論の技術」　倉島保美
1915 理系のための英語最重要「キー動詞」43　原田豊太郎
1919 「説得力」を強くする　藤沢晃治

1926 SNSって面白いの？　草野真一
1934 世界で生きぬく理系のための英文メール術　吉形一樹
1938 門田先生の3Dプリンタ入門　門田和雄
1947 50ヵ国語習得法　新名美次
1948 すごい家電　西田宗千佳
1951 研究者としてうまくやっていくには　長谷川修司
1958 理系のための法律入門　第2版　井野邊 陽
1959 図解　燃料電池自動車のメカニズム　川辺謙一
1965 理系のための論理が伝わる文章術　成清弘和
1966 サッカー上達の科学　村松尚登
1967 世の中の真実がわかる「確率」入門　小林道正
1976 不妊治療を考えたら読む本　浅田義正／河合 蘭
1987 怖いくらい通じるカタカナ英語の法則　ネット対応版　池谷裕二
1999 カラー図解　Excel「超」効率化マニュアル　立山秀利
2005 ランニングをする前に読む本　田中宏暁
2020 「香り」の科学　平山令明
2038 城の科学　萩原さちこ
2042 日本人のための声がよくなる「舌力」のつくり方　篠原さなえ
2055 理系のための「実戦英語力」習得法　志村史夫
2056 新しい1キログラムの測り方　臼田 孝
2060 音律と音階の科学　新装版　小方 厚